손해 보지 않고 사는 법

Fight for Yourself.
Erfolgreiche Strategien gegen die Ungerechtigkeit im Leben
by Marcus Schollmeyer
ⓒ 2009 by Irisiana Verlag
a division of Verlagsgruppe Random House GmbH, München, Germany
All rights reserved

Korean translation copyright ⓒ 2011 by Book21 Publishing Group.
Korean edition is published by arrangement with
Verlagsgruppe Random House GmbH, München, Germany
through Eurobuk Agency.

이 책의 한국어판 저작권은 유로북 에이전시를 통한 Irisiana Verlag와의 독점계약으로
(주)북이십일이 소유합니다. 저작권법에 의해 한국 내에서 보호받는 저작물이므로
무단전제와 복제를 금합니다.

손해 보지 않고 사는 법

변호사가 알려주는 일상의 억울함에 맞서는 성공 전략

마르쿠스 숄메이어 지음 | 배명자 옮김

21세기북스

Contents

1장 내 몫은 내가 지킨다!
01 9·11테러가 보험설계사를 미치게 한 이유는? 일상의 억울함에 저항하라 · 9
02 누구나 행복할 권리가 있다 · 16
03 재판정에 선 골프선수 자신의 믿음을 위해 싸워라 · 20

2장 굶주린 늑대로 가득한 세상
04 당신은 충분히 강하다 · 39
05 싸움을 권하는 세상 갈등의 세 가지 진실 · 42
06 세상은 동물의 왕국 누구나 스스로를 위해 싸운다 · 48

3장 변호사가 가르쳐주는 자기변호의 기술
07 당신도 할 수 있다 · 55
08 미국에서 총에 맞지 않으려면? 논쟁의 문화를 파악하라 · 60
09 페이스북 친구도 인맥일까? 살아 있는 인맥을 만드는 법 · 63
10 갈등의 구체적인 상황을 정확히 파악하라 · 69
11 휴일을 지키지 못한 영업사원 나만의 목표 리스트를 준비하라 · 73
12 손해 보지 않고 담판 짓는 법 당신이 빠지기 쉬운 10가지 협상의 함정 · 85

- 13 할리우드 액션 뻔뻔한 속임수에 한방 먹이는 법 • 105
- 14 '예', '아니요'로만 대답하시오 원하는 대답을 이끌어내는 질문의 기술 • 115
- 15 책임자를 불러주세요 나에게 유리한 환경을 만드는 대화의 기술 • 122
- 16 왜 그녀는 다리를 꼬았을까? 말과 행동 속에 감춰진 진실을 찾는 법 • 129
- 17 억울한 누명을 쓴 왕따 노련한 거짓말쟁이를 상대하는 법 • 144

4장 인생은 지금 전쟁 중

- 18 실전에 앞서 협상은 기술이 아니라 사람이다 • 161
- 19 준비된 신뢰 행동이 당신을 말하게 하라 • 162
- 20 공격과 후퇴의 순간 무모한 도발은 손해를 부른다 • 171
- 21 승리의 열쇠는 진정성이다 나만의 강점 체크리스트 • 181
- 22 본능은 위험을 알고 있다 • 205

5장 자신을 위해 싸워라

- 23 앞을 바라보라 • 213
- 24 내 인생 최고의 변호사는 바로 나다 • 214

1장

내 몫은 내가 지킨다!

01
9·11테러가 보험설계사를 미치게 한 이유는?
_일상의 억울함에 저항하라

뉴욕 법정의 육중한 참나무 문이 서서히 닫혔다. 들어와 있던 방청객들은 증인석에 앉은 남자를 보며 웅성거렸다. 지금 이 남자는 세상을 발칵 뒤집었던 사건과 연루된 아주 특별한 소송의 한복판에 서있다. 여러 세대가 지나더라도 여전히 최악의 날로 회자될 2001년 9월 11일에 일어난 한 사건, 비행기 두 대가 세계무역센터로 돌진했던 바로 그 사건 때문에 이 소송이 제기되었다.

테러 희생자들과 그 가족 친지들이 겪은 고통 외에도 '9·11 테러'가 야기한 또 다른 문제가 있었다. 희생자들과는 전혀 다른, 아주 특별한 이해관계 때문에 이 사건과 관련된 사람들이 있었다. 특별한 이해관계란 바로 막대한 돈인데, 정확히 말해 수십억 달러가 걸린 문제였다.

진잔새 차려입은 이 남기는 비코 그건 이데일새 내무에 시류 증인석에 앉았다. 왜냐하면 그가 바로 엄청난 보험금이 걸린 세계무역센터 쌍둥이빌딩의 손해보험을 판매한 장본인이기 때문이다. 이 보험은 '하늘이 무너져도' 확실한 지급을 보장하는 듯 보였다. 어차피 쌍둥이빌딩은 '하늘이 무너져도' 결코 무너지지 않을 건물이었으니까.

2001년에 그는 런던에서 보험설계사로 일하며 따스한 나날을 보냈다. 런던에 온 지도 꽤 되었고 섬나라 영국을 떠나 대륙으로 돌아가고픈 마음이 가끔씩 들었지만 대체적으로 매우 만족스러운 일상이었다. 보험설계사라는 직업 면에서 볼 때도 런던은 탄탄대로를 제공해주었다. 세계무역센터와의 보험체결을 회사 임원들에게 보고한 날은 생애 최고의 날처럼 느껴졌다. 굉장한 계약을 성사시킨 자랑스러운 날이기 때문이다. 쌍둥이빌딩이 무너지지 않는 대가로 보험회사는 매년 수십만 달러를 받게 된다. 이 건물은 결코 무너질 수 없는 절대 안전한 건물로 통했으므로, 그가 생각하기에 보험료를 곧 수익으로 봐도 무리가 없었다. 어쨌든 보험계약이 체결된 9·11 테러를 몇 주 앞둔 시점까지는 모두가 그렇게 생각했다. 그는 회사 임원들이 고마워하며 자기 능력을 높이 인정해줄 것이라 확신했고 또 그러는 것이 당연하다고 생각했다. 그런데 이상하게도 회사가 이 보험계약 실적을 형편없이 낮게 평가해서 적잖이 놀랐다. 게다가 그의 커리어가 그것으로 끝났다느니, 앞으로 승진할 기대는 버려야 한다느니 이러쿵저러쿵 말들이 많았다. 결국 그는 2001년 8월 말에 보험회사를 그만두었다.

퇴직 후 11일 만에 사건이 터졌다. 그는 세계무역센터가 붕괴되었다는 뉴스를 듣고 경악하지 않을 수 없었다. 그리고 얼마 후 보험회사의 법무법인으로부터 연락이 왔다. 그의 증언이 시급하게 필요하니 즉시 런던으로 와달라는 얘기였다.

그래서 그는 런던으로 갔고 깔끔하게 새 단장된 법무법인 회의실에 앉아 보험계약 당시에 맺은 약정에 대해 설명했다. 그런데 도대체 왜 변호사들은 그에게 당장 날아오라고 할 만큼 급하게 보험 약정에 대해 알고 싶었을까? 이유는 간단하다. 엄청난 돈이 걸려 있었기 때문이다. 세계무역센터의 주인은 보험금을 두 배로 받아야 한다고 주장했다. 비행기 두 대가 쌍둥이빌딩으로 날아들었으니 보상도 두 배로 지급되는 게 당연하다는 논리였다. 계약 당시 그렇게 얘기가 되었다는 게 그쪽 변호사의 주장이었다.

보험회사 측 변호사의 주장은 그 반대였다. 테러는 한 번 일어났으니 당연히 보험금도 한 번만 지급하면 된다는 것이었다. 그래서 계약을 체결한 보험회사 실무자가 약정 내용을 증언해 줘야 했다.

전직 보험설계사가 증언을 하는 동안 비디오 촬영을 했는데, 그는 대수롭지 않게 여겼다. 마찬가지로 재판에서의 자기 역할에 대해서도 크게 생각하지 않았다. 증언을 마치자 변호사들은 지나가는 말처럼 아무렇지도 않게, 아마 뉴욕 법인에서 출두 요청을 할 거라고 했다. 이 말 역시 그냥 흘려들었다. 변호사들과 헤어진 후 그는 홀가분한 기분으로 런던에 사는 옛 친구를 만나 저녁을 먹었다. "같은 증언을 두 번씩 하고 싶진 않아." 그는 친구에게 말했다. "내일 변호사들에게 그렇게 말하고 집으로 가야겠어."

하지만 그게 그렇게 간단한 문제가 아니었다. 증언을 꼭 해야 하는 상황이었다. 변호인단과의 대화는 그것으로 끝났고 그의 기분만 더 나빠졌다. 그는 변호사들에게 압도당한 나머지 유럽 영주권자에게 미국에서 증언하도록 강요할 권리가 미국 법원에 있는지 따져 묻지도 못했다. 그렇게 그의 드라마는 시작되었다. 전 세계의 주목을 받으며 증인석에 앉는 것으로 끝나는 게 아니었다. 변호사들의 설명에 따르면 비디오에 녹화된 증언 내용과 한 치의 오차도 없이 뉴욕 법정에서도 똑같이 증언해야 했다. 미국 법원은 특히 그런 식의 거짓 증언을 엄격하게 처벌한다고 했다. 그는 완전히 겁에 질려 앞으로 있을 뉴욕 법정에서의 증언을 준비하는 모든 훈련 프로그램을 순순히 받아들였고, 법무법인에서 보낸 트레이너와 함께 결전의 그날까지 열심히 훈련했다. 런던에서 처음 증언한 이래로 3년의 시간을 보냈다.

마침내 그는 뉴욕 법정의 증인석에 앉았고, 그때까지도 앞으로 자기에게 어떤 일이 닥칠지 미처 모르고 있었다. 그는 훈련받은 대로 완벽하게 해냈다. 그럼에도 불구하고 미국 감옥이 자꾸 눈앞에 아른거려 진땀이 났다. 3년 전에 했던 증언과 다른 말을 하면 안 되었다. 증언의 억양까지 완전히 일치해야 한다고 배웠다. 그래서 한 치의 오차도 만들지 않기 위해 3년 전에 했던 말들을 모조리 암기한 터였다.

그는 증언을 마치고 판사의 표정을 조심스럽게 살폈다. 마침내 판사의 입에서 나가도 좋다는 말이 나왔고 그의 안도감은 이루 말할 수 없이 컸다. 게다가 그의 증언을 토대로 배심원들은 보험사에게 유리한 판결을 내렸다. '내가 해냈어, 마침내 모든 게 끝났어!' 법정을 나오면서 그는 생각했다. 그러나 이것은 대단한 착각이었다.

얼마 후 세금 추가징수 통지서가 날아왔다. 증인으로 출두한 기간의 소득에 대한 세금납부에 문제가 있으니 추가납부를 해야 하고 탈세 혐의로 조사를 받게 될 거라는 내용이었다. 그는 즉시 옛날 직장에 전화를 걸어 도움을 청했다. 어쨌든 그의 증언 덕분에 엄청난 돈을 아낄 수 있었으니 자기를 도와주리라 기대했다. 그러나 그는 거절당했다. 전액을 한 번에 납부하기 힘들면 할부납부를 신청하라는 조언이 고작이었다.

이보다 더 억울한 상황이 또 있을까! 큰돈을 절약하도록 도왔고, 그러느라 직장에도 여러 날 나가지 못했는데 지금은 또 그 기간의 소득세를 추가로 내야 한다니, 그것도 모자라 탈세혐의는 또 뭐란 말인가! 그를 도와줄 사람은 아무도 없었다. 그는 완전히 혼자가 되었다. '외국 법정이 그리고 보험사가 나에게 증언을 강요하는 것이 정당한지, 과연 그들에게 그럴 권리가 있는지 왜 나는 따지지 않았을까? 나는 왜 그런 힘에 맥없이 압노당했을까? 소송에 관여하지만 않았다면 런던으로 가는 일도 없었을 텐데. 거절할 자유와 권리를 가졌으면서도 왜 나는 제때 거절하지 못했을까? 제때 거절만 했더라도 이 모든 일은 발생하지 않았을 텐데.' 후회가 밀려왔다.

내 인생은 나의 것, 스스로 방어하라!

세계를 무대로 하는 다소 규모가 큰 위의 사례는 매우 간단한 기본진리를 알려준다. '모든 인간은 자유와 정의를 원한다.' 정의와 자유는 떼려야 뗄 수 없는 단짝이다. 정의는 자유를 바탕으로 한다. 그리고 자유란 제 인생길을 스스로 선택해서 갈 수 있음을 의미한다. 이론적으로는 다 옳고 좋은 말들이지만 아쉽게도 우리는 이론과 실제가 다른 경우를 자주 겪는다. 각자가 자유롭게 선택한 인생길의 정당성을 확보하기 위해 우리는 거의 매일 싸워야 한다. 자유롭게 선택한 목표에 도달하지 못하도록 방해하는 다양한 외부 영향에 맞서 스스로를 방어해야 한다. 다른 사람의 감언이설에 속지 않도록 조심해야 한다. 스스로 선택한 길에서 이탈하지 않고 꾸준히 걸어가 마침내 목표에 도달하려면 그에 맞는 방어 기술들을 익혀야 한다.

듣기에는 아주 간단할지 모르지만 실제로 자기가 선택한 길을 끝까지 가기란 그리 만만치 않다.

자기의 인생길을 발견하고 그 길로 들어서서 끝까지 걸어가는 일은 개인의 자유를 향한 중요한 디딤돌이다. 그리고 바로 이 디딤돌은 각자의 손에 달렸다. 인생길에서 우리는 종종 여러 유혹을 만난다. 가던 길에서 벗어나고 싶거나 혹은 어떤 길은 아예 쳐다보지도 않으려는 유혹에 빠진다.

스스로 선택한 인생길을 꿋꿋이 지켜내려면 각자 가지고 있는 모든 힘을 끌어모아 직접 방어해야 한다. 자기 인생을 적극적으로 보호하고 방어하는 사람만이 목표에 도달할 수 있기 때문이다. 인생길을 발견하는 데는 여러 사람들의 도움을 받을 수 있지만 그 길로 들어서서 끝까지 가는 것은 본인 몫이다. 함께 가줄 동행은 없다. 오직 홀로 제 인생을 지키고 끝까지 걸어가야 한다.

02
누구나 행복할 권리가 있다

억울한 일을 당했을 때 제대로 항의하는 기술은 그리 단순하지 않다. 그리고 능동적으로 자신을 방어하려면 특별한 용기가 필요하다.

카를의 사례를 보자. 카를은 활기차고 성실한 젊은 권투선수다. 잘 다져진 근육 덕분에 첫눈에 그가 운동선수임을 알 수 있다. 카를은 식당에서 간단히 점심을 먹었다. 바쁜 일이 있었던 터라 접시를 치우는 종업원에게 계산서를 부탁했고 여느 식당들이 다 그렇듯이 종업원은 계산서를 작은 접시에 담아서 가져왔다. 15유로 70센트. 잔돈이 없어 20유로짜리 지폐를 접시에 올려놓고 잠시 기다리니 종업원이 와서 얼른 집어갔다. 종업원에게 봉사료 명목으로 웃돈을 좀 얹어줘야겠다고 생각하며 거스름돈이 오기를 기다렸다.

몇 분을 기다렸는데도 종업원은 다시 오지 않았다. 손짓을 해 보았지만 본체만체 딴 손님만 챙겼다. 마침내 다른 종업원이 왔고 카를은 거스름돈을 아직 못 받았다고 설명했다. 이 얘기를 들은 종업원은 20유로를 들고 간 종업원과 몇 마디 나누더니 다시 돌아왔다. 카를은 돈을 가져간 종업원이 올 거라 생각했다. 하지만 누가 거스름돈을 가져오느냐가 뭐 그리 중요하겠는가!

그러나 다시 돌아온 종업원은 거스름돈을 갖다 주지는 않고 퉁명스럽게 황당한 이야기만 전했다. 모두 봉사료로 처리되어 거스름돈이 없다는 것이다. 카를은 당혹스러웠고 화가 치밀었다. 거세게 항의를 하고 다시는 이 식당에 오지 말아야 할까? 아니면 그냥 재수 없는 일을 당했다 생각하고 침 한 번 뱉고 빨리 잊어야 할까? 카를은 어찌할 바를 몰랐다. 그냥 화만 났다. 어떻게 해야 할까? 항의를 한다면 누구에게 해야 할까? 돈을 가져간 종업원에게? 아니면 곧장 사장에게?

이런 생각들로 머뭇거리는 사이에 식당 경비원들이 와서 카를을 출구로 끌어내더니 다시는 오지 말라고 으름장을 놓았다. 카를은 잠시 황망하게 서 있다가 쓸쓸히 식당을 떠났다.

이런 황당한 일들은 거의 매일 일어난다. 살다 보면 자신의 이익을 위해 염치며 예의, 도덕을 내팽개치고 심지어 불법도 서슴지 않는 사람들을 종종 만나게 된다. 이럴 때 취해야 할 올바른 반응은 오직 적극적으로 자신의 이익을 챙기고 보호하는 것이다.

이때 지켜야 할 중요한 규칙이 '자기 책임'인데, 사람은 누구나 인생을 살면서 스스로 정당해야 하기 때문이다. 행동에 책임을 지고 정당성을 확보하는 일은 아쉽게도 대신해줄 사람이 없다. 대신 책임을 져주는 것이 오히려 자신에게 이익이 되거나 아니면 그 대가로 섭섭지 않은 보수를 받는다면 몰라도. 아무런 대가 없이 당신을 위해 나서줄 사람은 없다. 그러니 오래 기다려봐야 소용없다. 내 인생의 주인이 되어 스스로 인생길을 선택할 때 성공을 기대할 수 있으며 그래야 보다 멋지고 만족스럽게 살아갈 수 있다. 자유인이 되라. 스스로 목표와 길을 정하라. 그리고 선택한 길을 당당히 가라. 당신의 인생을 끝까지 방어하여 마침내 목표를 이루고 행복을 실현하라!

자기 책임이 기본이다

자기 책임은 스스로 자신의 인생을 지켜내는 시작이요 출발이다. 다른 사람의 도움일랑 기대하지 마라. 스스로 방어하고 옹호하라. 당신이 믿을 건 오직 당신뿐이다. 당신이 가진 고유한 힘이 바로 당신 삶의 모터다. 삶을 움직이는 모터는 모두에게 있다. 선택받은 몇몇에게만 있는 것이 아니다. 다시 말해 사람이라면 누구나 이런 모터를 하나씩 가지고 있다! 그저 이 모터를 켜기만 하면 된다. 일단 켜기만 하면 삶의 모터는 그칠 줄 모르고 돌아갈 것이다. 게다가 더욱 다행스럽게도 우리는 삶의 모터를 켤 힘을 가지고 있다. 모터를 켜고 돌리기 위해 외부의 도움을 받을 필요도 없고 정치권력이나 신의 권능도 필요 없다. 우리는 태어날 때 이미 이 모터를 켜는 데 필요한 모든 조건을 선물 받았다. 그러니 그냥 시동을 걸고 행복을 향한 안전운행을 시작하면 된다.

정당성이 핵심 요소다

행복의 핵심은 정당성이다. 부당한 일을 당했다는 기분만큼 사람을 속상하게 하는 일은 없다. 그러므로 개인의 욕구와 소망이 담긴 인생길을 달리려면 무엇보다 정당성이 확보되어야 한다. 인생길에서 우리는 여러 장애물을 만나기도 하고 계획한 모든 일이 그대로 진행되지 않는 것을 경험한다. 그럴 때면 금세 부당한 일을 당했다는 억울한 기분이 든다.

특히 다른 사람의 뜻에 따라 일이 결정되거나 혹은 의미도 알 수 없고 자신의 이익에도 반하는 규정에 굴복할 수밖에 없을 때는 더욱 그렇다. 부당한 일을 당하고 억울해 하지 않으려면, 억울한 기분에 속상하지 않으려면 합법적이고 정당한 당신의 목표를 먼저 관철시켜야 한다. 그렇게 함으로써 당신은 길을 잃지 않고 계속 전진할 수 있다.

03
재판정에 선 골프선수
_자신의 믿음을 위해 싸워라

좀 이른 감은 있지만 그래도 짚고 넘어가자. 인생 계획을 짜는 사람은 과연 누구인가? 그렇게 짜인 인생 계획을 실현할 사람은 누구인가?

대답은 아주 간단하다. '모두가 각자의 욕구와 소망을 담아 인생 계획을 세우고 스스로 그것을 실현해나가야 하고 실현할 수 있어야 한다.' 인생 계획은 각자의 손에 달렸다. 어차피 남이 내 인생을 대신 살아주지는 못한다. 사람이 저마다 다르듯 인생 계획 또한 저마다 독특하고 유별나다. 마치 똑같은 지문을 가진 사람이 한 명도 없는 것처럼 말이다. 그러니 각자가 자기 식대로 인생 계획을 짜야 한다. 물론 인생의 목표를 추진할 때에 공동체와의 관계가 매우 중요하고 유용한 것은 사실이다. 하지만 인생 계획의 고유성을 살리는 일이 개인에게는 더욱 중요하다. 왜냐하면 고유성이 확보되지 않으면 공동체의 관점에 눌려 개인의 관점이 무시되거나 다른 사람의 인생 계획과 끊임없이 비교하며 자멸할 수도 있기 때문이다. 모든 인생은 고유하며 자기만의 것이다. 이는 묻고 따질 것도 없는 절대 진리다. 그러니 당신의 인생도 마찬가지다! 당신에게는 인생을 자유롭게 계획하고 계획대로 추진할 자격이 충분히 있다.

저마다 고유한 인생 계획을 세울 수 있다. 그래서 헤아릴 수 없이 많은 다양한 인생 계획들이 존재하고 때로는 서로 상반된 것들도 있는 것은 당연한 일이다. 이런 다양성이 마찰을 만들기도 한다. 그도 그럴 것이 모두에게 좋고 모두가 동의할 만한 인생 계획만 있는 게 아니기 때문이다.

한 사람의 계획이 다른 사람의 계획과 충돌할 수도 있기 때문에 갈등과 대립이 생기는 건 자연스러운 일이다. 이런 대립에서 종종 개인의 목표와 욕구 혹은 두려움과 근심이 중심 주제로 떠오른다. 한마디로 인생 계획이 논쟁의 중심에 서게 되고 사람들은 갑자기 자신의 인생 계획이 정당함을 다른 사람들 앞에서 입증해야 한다. 심지어 때로는 상대방의 공격으로부터 자신을 방어해야 한다!

서로의 이해관계가 완전히 어긋날 때, 자기 책임감이 약할 때, 자신의 힘이나 상대방의 힘을 제대로 가늠하지 못할 때 대립과 갈등은 더욱 날카로워진다. 그리고 그만큼 행복한 삶이 우리에게서 멀어진다. 말하자면 대립과 갈등은 행복의 적이다. 그것은 행복을 향한 우리의 길은 미아선다. 그러므로 성공적이고 행복한 삶은 대부분 얼마나 빨리 대립과 갈등을 해결하느냐에 달려 있다.

자신의 고유한 인생 계획은 언제든지 다른 사람의 인생 계획과 대립할 수 있다. 그리고 이런 대립 상황에서 자신의 인생 계획을 보호하고 방어하는 데는 항상 자기 책임이 따른다.

이런 대립과 갈등에서 주로 억울한 기분을 느끼게 되는데, 이는 자기 책임이 부족하기 때문이다. 자기 책임이란 단지 자신의 길을 잃지 않고 끝까지 가는 것만을 의미하지 않는다. 대립을 인정하는 것 또한 자기 책임이며 자신의 정당성을 인정받기 위해 대립에 대한 해결책을 찾아 관철시키는 것도 자기 책임에 속한다. 인생행로에서 갈등과 대립을 만났다면 일단 그것을 인정하고 그 상황에서 당신의 인생 계획을 적극적으로 방어해야 한다. 방어를 위해 필요한 힘은 물론 당신에게서 나온다. 당신의 힘을 믿어라. 당신의 힘으로 갈등과 대립을 성공적으로 해결할 수 있다는 자신감을 가져라. 이 책에서 힘의 공식을 배우면서, 자신의 힘을 믿는 것이 얼마나 중요한지 알게 될 것이다. 이 공식으로 당신의 힘을 가늠할 수 있다. 그리고 당신이 실제로 얼마나 강한 사람이었는지 새삼 놀라게 될 것이다!

내가 가진 힘과 방어 기술

태어나면서부터 누구나 갖고 있는 힘에 덧붙여 자신의 이익을 대변할 방어 기술 또한 익혀야 한다. 고유한 힘에 방어 기술까지 갖춘다면 자신의 이익을 보호하고 자기주장을 관철시키는 멋진 인생을 살게 되리라.

 개인의 고유한 힘은 성공하는 사람의 동력이요 모터다. 또한 중요한 계획을 추진하는 데 가장 효과적이고 강력한 엔진이다. 이제 이 엔진을 켜고 지금까지 당신을 힘들게 했거나 겁먹게 했던 모든 일들을 하나씩 처리해보라. 그 모든 일이 너무나 쉽게 처리되어 오히려 놀라게 될 것이다. 다른 사람의 훼방과 공격을 물리치고 자기 책임의 자세로 당당하고 힘차게 원하는 목표를 향해 나아가게 될 것이다. 성공적인 방어 기술의 도움으로 마침내 스스로 선택한 목표에 이를 것이다.

 당신의 목표에 스스로 책임을 져라! 행복과 정의를 향한 당신의 길을 꿋꿋이 가라! 당신은 필요한 힘과 도구를 모두 가졌다. 망설일 것이 무엇이란 말인가!

꿋꿋이 내 길 가기

 자신의 인생길을 찾는 일은 결코 간단하지 않으며 하룻밤 사이에 이루어지지도 않는다. 비록 고유한 인생 계획을 세웠더라도 도중에 갈림길을 만나기 일쑤다. 안타깝게도 모두가 갈림길의 유혹을 뿌리치고 꿋꿋이 원래 가던 길을 가는 건 아니다. 그러나 용기를 내어 유혹을 뿌리치고 꿋꿋이 원래 길을 간 사람은 또 다른 길을 버림으로써 얻은 행복과 충만을 갖는다. 이들은 과감하게 감행했고 결국엔 승리했다. 이들이 승리할 수 있었던 것은 다른 선택지를 버릴 때 생기는 갈등을 잘 처리했기 때문이다. 이들은 자신의 힘으로 목표를 이루었다. 바로 행복과 정의라는 목표를!

가까스로 위기를 모면하다

쿠르트는 성공한 골프선수다. 비록 대회에서 10위권 안에 든 적은 한 번도 없지만 프로골퍼로서 불편함 없이 잘 살았다. 그러나 어느 날 고향을 방문하면서 극적인 전환을 맞는다. 고향에는 쿠르트의 집이 없었다. 그래서 그곳에 있는 동안은 옛 친구의 집에서 묵었다. 그런데 이 친구는 문제가 아주 많았다. 돈 문제, 술 문제, 그 밖의 여러 문제들이 그의 삶에 널려 있었다. 음주운전으로 운전면허도 취소된 상태였다. 하지만 안타깝게도 쿠르트는 이 모든 것을 전혀 몰랐다. 둘은 오랜만에 만난 기쁨에 시간 가는 줄 모르고 먹고 마시고 즐겼다. 그리고 마지막 밤이 왔다. 둘은 다시 한 번 제대로 작별 파티를 하자며 원 없이 마셨다. 둘은 만취상태로 집에 돌아왔고 쿠르트는 지갑과 휴대폰을 책상 위에 던져놓고 곧 쓰러져 잤다. 다음날 잠에서 깨니 온몸이 뻐근하고 머리가 깨질듯 아팠다. 그러나 그게 다가 아니었다. 책상 위에 올려놓았던 지갑이 없어졌다. 돈 때문이라기보다는 그 안에 든 신분증, 운전면허증, 신용카드들 때문에 화가 났다. 신용카드는 전화 한 통이면 분실 신고에 재발급 신청까지 끝나지만 신분증과 운전면허증을 새로 받으려면 시간도 많이 걸리고 비용도 만만치 않게 들 터였다. '도대체 어떻게 된 일일까? 술이 취해 지갑을 어딘가에서 잃어버린 걸까? 아니면 누군가 훔쳐 갔을까? 아니다. 소매치기를 당했다면 틀림없이 중간에 눈치를 챘을 테고 게다가 종일 친구가 옆에 같이 있지 않았던가. 소매치기를 당한 것은 분명히 아니다.' 그래서 뒤늦게 잠에서 깬 친구에게도 상황을 물었지만 그는 전혀 모른다는 반응이었다. 그야말로 지갑이 감쪽같이 사라졌다!

몇 주 뒤 쿠르트는 신분증과 운전면허증을 재발급받았다. 그리고 법원에서 편지도 받았다. 기소, 사람을 치어 죽인 교통사고, 음주운전에 뺑소니, 검찰의 구속 요구 등 무시무시한 얘기들이 적혀 있었다. 무슨 일이 생긴 걸까? 어쨌든 확실한 건 어떤 술 취한 사람이 술집에서 나와 차를 과속으로 몰다가 앞에서 오는 자전거를 덮쳤고 자전거를 탄 사람이 죽었으며 술 취한 운전자는 차를 버리고 도망쳤다는 사실이다. 경찰이 사고차량의 운전석에서 쿠르트의 신분증을 발견했다. 뿐만 아니라 차 안에는 쿠르트의 이름으로 된 차량 렌트 계약서도 있었다. 검찰이 보기에 사건은 명백했다. 범인은 쿠르트가 분명했다. 그러나 쿠르트 입장에서는 하늘이 무너지는 일이었다. 교통사고를 내지도 않았고 그날은 골프대회를 마치고 집에서 쉬었다. 하지만 안타깝게도 쿠르트의 알리바이를 증언해줄 사람이 아무도 없었다. 그날 밤 혼자 집에서 쉬었으니 말이다. 쿠르트는 확실히 범인이 아니다. 그런데도 범인으로 지목되었고 이제 다른 사람의 죄를 대신 뒤집어쓰고 법정에 서야 하며 최악의 경우엔 죗값도 치러야 한다. 쿠르트가 법정에 섰을 때, 방청석은 빈자리 하나 없이 가득 찼고 기자들도 벌떼처럼 모여 있었다. 신문들은 이 사건을 1면 기사로 다루었다. 충격적인 헤드라인들이 신문을 장식했다. "유명 골프선수, 음주운전에 인사 사고 뺑소니!" 이 정도면 그나마 괜찮은 헤드라인이었다. 쿠르트는 무시무시한 공포에 휩싸였다. '아무도 내 말을 믿어주지 않으면 어쩌지? 그래서 결국 감옥에 갈 수밖에 없다면?'

판사가 법정에 들어서자 사람들의 웅성거림도 잦아들었다. 사람들은 조용히 자리에서 일어섰고 앉아도 좋다는 신호가 떨어지기를 기다렸다. 쿠르트 역시 일어섰다. 쿠르트는 살인자나 여느 범죄자들이 형을 선고받던 그 자리에 섰다. 모든 범행이 자세하게 낭독되었고 판사는 쿠르트에게 하고 싶은 말이 있는지 물었다. "당연히 있습니다." 쿠르트는 격앙된 목소리로 대답했다. "나는 죄가 없습니다!" "그러시겠죠." 검사는 승리를 확신하며 싱글거렸다. "거기 앉은 사람들은 다 그렇게 말합니다." "하지만 난 정말 아닙니다. 곧 모든 진실이 밝혀질 겁니다." 쿠르트는 굽히지 않고 계속 진술했다. 그날 밤 집에서 했던 세세한 일들, 사건 현장과 집 사이의 먼 거리, 차를 빌린 적이 없다는 얘기, 그리고 신분증을 분실한 적이 있다는 얘기도 했다. "아주 그럴듯한 소설이군요." 검사는 퉁명스럽게 대응했다. 그리고 눈을 가늘게 뜨고 윽박질렀다. "사람이 실수를 저질렀다면 솔직하게 자백하고 선처를 구하는 것이 도리입니다. 죄를 부인하면 처벌만 커진다는 걸 왜 모릅니까? 그런 식의 거짓 진술은 상황을 더욱 악화시킬 뿐입니다." 자백을 하면 형을 가볍게 해주겠다고 제안한 걸 보면, 판사도 검사와 같은 의견인 듯했다. 쿠르트는 판사의 제안을 곰곰이 생각해보았다. 그리고 제안을 거부했다. 그는 죄가 없었고 그렇기 때문에 어떤 흥정도 있을 수 없었다. "거짓과 타협하지 않겠습니다. 나의 권리와 정의를 위해 싸우겠습니다." 그는 확고하게 대답했다. "좋습니다. 정 그러시다면……, 증인 심문을 시작하십시오." 판사가 큰 소리로 지시했다. 증인들이 줄줄이 불려나와 술 취한 운전자, 버려진 자동차, 끔직한 사고, 희생자의 고통을 증언했다. 방청석에 앉은 사망자의 아내는 줄곧 경멸의 눈으로 쿠르트를 노려보았다.

그리고 차량을 발견한 경찰이 앞에 나와 차량과 신분증을 발견한 경위를 설명했다. "핸들 주변에는 피가 묻어 있었습니다." 그는 무심코 덧붙였다. "아마 사고 당시 운전자가 핸들에 머리를 부딪친 것 같습니다. 핸들에 남은 혈흔을 채취하긴 했지만 아직 분석을 의뢰하지는 않았습니다." 증언을 마친 경찰은 일어서서 쿠르트에게 다가갔다. 쿠르트 앞에 멈춰 서서 잠시 노려보더니 낮게 중얼거렸다. "당신 팬이었어요. 내가 미쳤지, 당신 같은 사람을 좋아했다니." 그는 돌아서서 법정을 나갔다. 쿠르트는 너무나 억울해 거의 울음을 터뜨리기 직전이었다. 아무리 무죄를 호소해도 소용이 없었다. 이제 그만 포기해야 할까? 판사의 제안대로 선처를 부탁하고 이 모든 사건을 하루라도 빨리 기억에서 지우려 애써야 할까? '그럴 수 없어!' 그를 성공적인 골프선수가 되도록 이끌어주었던 내면의 목소리가 단호하게 말했다. '포기하지 않겠어. 나의 결백을 위해 끝까지 싸우겠어.'

마지막 증인 한 명만 남았다. 자동차를 빌려준 장본인, 그러니까 쿠르트에게 사고차량을 빌려주었다는 그 사람이 나타났다. 쿠르트는 물론이고 법정에 앉은 모든 사람의 시선이 녹색 문으로 향했다. 그 문으로 마지막 증인이 들어설 터였다. 문이 열리고 증인의 모습이 막 나타났을 때 날카로운 비명소리가 정적을 깼다. 비명을 지른 사람은 바로 쿠르트였다. 등장한 증인은 쿠르트가 아는 사람이었다. 얼마 전에 고향에서 만난 옛 친구, 지갑을 잃어버린 날 함께 있었던 바로 그 친구였다.

증인석에 앉은 친구는 차분하게 설명하기 시작했다. 어떻게 차를 넘겨주었고 쿠르트가 그 차를 얼마나 맘에 들어 했는지 세세히 묘사했다. 그러고는 쿠르트가 술에 취해 운전대를 잡고 그렇게 미친 듯이 달릴 거라고는 상상도 하지 못했다며 어두운 표정을 지었다. 좀 더 자세히 알아봤어야 했고 절대 차를 빌려주지 말았어야 했다며 자책했다.

쿠르트는 너무나 당혹스러웠다. 친구라고 여겼던 사람이 지금 자신에게 칼을 들이대고 있었다. 쿠르트의 지갑을 훔친 사람도, 사고를 낸 장본인도 이 친구임이 분명했다.

형을 감해줄 터이니 솔직히 자백하라는 제안이 거듭 있었다. 쿠르트는 제안을 또 거절했다. 그는 진실이 이기는 정의를 원했고, 그것은 오직 무죄선고뿐이었다. 쿠르트가 무죄인 것이 진실이기 때문이다.

쿠르트는 최후진술을 했고 자신은 죄가 없음을 다시 한 번 확고하게 밝혔다. 판사들은 의논을 시작했고 쿠르트에게는 떨리는 기다림의 시간이었다. 과연 법정은 쿠르트의 말을 믿어 줄까?

마침내 판사들은 의논을 끝냈고 판결을 내렸다. 범행은 명백하다! 그러나 단 하나의 의혹도 남기지 않기 위해 핸들에서 채취한 혈액과 쿠르트의 혈액을 비교하기로 했다. 피고의 확신에 찬 무죄 주장이 판사에게 강한 인상을 남긴 듯했다. 그러나 만약 혈액감정 결과 쿠르트가 죄인임이 확실히 밝혀진다면 형은 더욱 늘어날 터였다. 재판은 그렇게 끝이 났다. 혈액감정이 실시되었고 예상했던 결과가 보고되었다. 쿠르트는 무죄선고를 받았다. 재판이 끝나고 쿠르트는 검사에게 물었다. "혈액감정을 의뢰할 생각을 왜 처음부터 하지 않았습니까?" 검사는 말없이 쿠르트를 바라보다 마침내 대답했다. "모든 정황이 너무나 확실했기 때문에 굳이 혈액감정까지 할 필요는 없다고 생각했습니다. 당신의 입장과 정당한 권리에 대해서는 미처 생각하지 못했습니다."

어떤가? 자신을 위해 적극적으로 싸운 보람이 있지 않은가? 사례에서처럼 큰 사건이나 극적인 결과가 아니더라도 진실이 승리하는 정의는 언제나 매우 높은 덕목이다. 그리고 정의는 결국 모든 사람을 이롭게 한다! 아무리 작고 눈에 잘 띄지 않는 부당함도 커다란 장애물로 변신해서 우리가 행복한 삶으로 가는 길을 막을 수 있다. 그러므로 누군가 당신에게 영향을 미치려 하고 자신의 이익을 위해 이용하려 한다면 정신을 똑바로 차리고 스스로를 방어해야 한다. 당신의 목표를 눈에서 놓치지 말고 온 힘을 다해 당신의 길을 꿋꿋이 가야 한다.

겉으로 보이는 것이 다가 아니다

모니카와 크리스티안의 사례는 자기가 정말 원하는 길을 가지 못하고 외부의 영향에 자신을 내놓은 극명한 예다.

크리스티안은 명문대 출신의 성공한 직장인이다. 대기업에 근무하며 연봉도 아주 높다. 또한 능력을 인정받는 전도유망한 사원이기도 하다. 해변에 멋진 집을 짓고 가족과 함께 사는 그는 아침마다 고급 승용차로 출근을 하고, 저녁에 퇴근하면 사랑스런 가족과 잘 차려진 맛있는 식사가 그를 맞이한다. 휴일에는 가족과 여행도 자주 가고 다양한 동호회 활동도 열심히 한다. 한마디로 크리스티안은 많은 사람들의 선망의 대상이다. 그를 부러워하는 사람들은 그가 아주 행복할 거라 믿어 의심치 않는다.

한편 모니카는 그다지 성공한 사람이 아니다. 직장생활은 힘들고 결혼도 하지 못했으며, 물론 아이도 없다. 그리고 남자친구와의 관계도 위태롭다. 모니카는 대도시 한복판에 있는 단칸방을 세내어 산다. 주로 지하철로 출퇴근을 하지만 붐비는 지하철이 지겨울 때면 가끔은 낡은 고물 소형차로 출근하기도 한다. 그럴 때면 퇴근 후 주차를 위해 적어도 30분은 집 근처를 빙빙 돌아야 한다. 여가활동은 아주 가끔씩 즐기는데, 재정상황이 빠듯하여 하고 싶은 걸 다 할 수는 없었다.

겉으로 드러나는 두 사람의 상황은 완전히 달라 보인다. 그러나 이들의 감정은 완전히 일치한다. 두 사람 모두 행복을 느끼지 못한다. 두 사람은 자신이 정말 원하는 것을 하지 못하기 때문에 자신의 삶이 불만족스럽다. 모니카의 경우 불만족스런 요소들을 쉽게 인식할 수 있지만 크리스티안은 도대체 무엇이 부족하단 말인가? 재정적 안정, 화목한 가정, 좋은 직장 등 현대사회가 높이 평가하는 모든 걸 이룬 사람이 아닌가! 그는 왜 행복하지 않을까? 그와 모니카의 공통점은 무엇일까? 솔직히 두 사람의 삶은 완전히 정반대가 아닌가?

두 사람의 공통점은 스스로 자기 인생길을 선택하지 않았고 자기 책임을 갖고 그 길로 들어서지 않았다는 것이다. 이들은 자신이 원하는 인생길을 알고 있었지만 그 길을 가지 않았다.

모니카는 능력을 인정받는 커리어우먼이 되고 싶었다. 중요한 회의에 참석해 인상 깊은 프레젠테이션을 하는 상상을 하곤 했다. 반면 크리스티안은 넓은 세계를 누비고 다니는 모험가를 꿈꿨다. 지구 반대편으로 여행을 떠나 새로운 문화를 체험하는 상상은 늘 그를 매혹시켰다. 떠나고 싶은 마음과 새로운 체험에 대한 욕구를 달래기 위해 여행 책자들을 읽곤 했다. 특히 돈이 넉넉지 않았던 대학시절에는 책을 통해 세계 곳곳을 간접적으로 여행했다. 그리고 긴 여행은 떠나지 못하더라도 간간히 짧은 여행을 즐겼다. 그는 대학 졸업 후의 예정된 삶을 생각하면 끔찍한 느낌이었다. 취직을 할 테고 오랫동안 한 장소에 머물러야 할 터이며 그가 꿈꾸던 넓은 세상은 '황금으로 만들어진 비좁은 우리'로 변할 터였다. 그것은 상상만 해도 몸서리쳐지는 일이었다. 그럼에도 불구하고 그는 대학 공부를 계속했고 우수한 성적으로 졸업했다. 졸업하자마자 대기업에 취직했고 직장생활은 성공가도를 달렸다. 사랑하는 사람과 결혼도 했고 '내 집 마련'도 어렵지 않게 할 수 있었다. 어느 모로 보나 매우 안정된 삶이었다. 그러나 마음 깊은 곳에는 여전히 그리움이 남아 있었다. 그는 현실과 완전히 다른 것을 갈망했다. 사랑하는 아내와 함께 세계여행을 하고 싶었다. 모든 관습이나 강제에서 벗어나 자유와 해방을 만끽하고 싶었다.

　오늘 크리스티안은 스스로에게 물었다. '나는 왜 내가 원하는 삶이 아닌 현재의 삶을 선택했을까?' 가족과 주변 사람들이 그 결정에 중요한 역할을 했다. 크리스티안의 부모는 항상 가족과 주변 사람들이 그에게 무엇을 기대하는지 말했다. 친구들 역시 그의 소망과 계획을 반대했다. 당연히 그들 모두 진심으로 크리스티안을 위하는 마음에서 그렇게 했다. 다만 그 '위하는 마음'이 불행히도 크리스티안의 소망과 맞지 않았을 뿐이다. 그리고 결국 일어나지 않았으면 좋았을 일이 일어나고 말았다. 크리스티안의 의지는 꺾였고 자기가 진정 원하는 길을 포기했다. 자기 자신만 빼고 모두가 올바른 길이라고 입을 모으는 길을 택했다. 그 길에 대한 여러 좋은 평가들이 있었다. 특히 안정된 길이라는 주장이 가장 큰 힘을 발휘했다. 아무리 그렇더라도 어쨌든 그것은 그의 길은 아니었다. 직장에서의 성공은 재정적 안정을 주었다. 돈 때문에 걱정할 일은 없었다. 또한 어딜 가든 주눅들 일이 없었고 친구도 많았으며 인간관계의 폭도 넓었다. 꿈꾸는 모든 것을 가진 사람처럼 보였다. 그럼에도 불구하고 그는 전혀 행복하지 않았다. 크리스티안은 오늘에야 비로소 깨달았다. 주변 사람들과 가족들의 반대를 이겨냈어야 했고 자신의 힘을 믿었어야 했다. 그랬더라면 오늘 진정 행복한 사람이 되었으리라.

이제 모니카의 경우를 보자. 그녀는 항상 모범생인 데다 공부하는 걸 좋아했다. 모니카에게는 학교 성적이 가장 중요했다. 친구들이 화장품이나 잘생긴 남학생들에게 관심을 갖는 동안 모니카는 오직 수업에만 관심이 있었다. 심지어 모니카는 도서관에서 책을 읽고 배운 내용을 심화하는 것으로 여가를 즐겼다.

더 많이 배우고 더 많은 것을 섭취하고 싶었다. 그러다 한스를 만났고 사랑하게 되었다. 이때부터 모니카의 삶은 변하기 시작했다. 한스는 카리스마 넘치는 늠름한 청년이었고 모니카의 가족과 친구들은 "킹카를 잡았다"며 좋아했다. 그러나 한스를 만난 건 '잡은 것'이 아니라 그냥 그렇게 된 것이었다! 모니카의 부모는 어서 결혼하여 가정을 이루고 아이를 낳으라고 재촉했다. 그리고 직장에서도 상황은 마찬가지였다. 회사 임원들도 모니카가 곧 결혼을 하여 가정을 꾸리고 아이를 낳게 되리라 여겼다. 그리고 직장보다는 가정을 먼저 생각할 테고 결국에는 얼마 지나지 않아 직장을 그만두고 안락한 보금자리에 안주하리라 생각했다. 그러나 모니카는 전혀 그러고 싶지 않았다. 그녀는 직장생활을 계속하며 경력을 쌓아 성공하고 싶었다. 그러나 조금씩 그런 소망에서 멀어져갔다. 게다가 가족과 친구들은 그것이 당연하고 옳다는 반응이었다. 결국 모니카는 자신의 길을 포기했다. 그러나 크리스티안과 달리 모니카는 '등 떠밀려' 다른 길로 들어선 것이 아니라 다만 그 자리에서 멈췄을 뿐이다. 직장에서 성공하지도 못했고 집도 사지 못했으며 아이도 낳지 않았다. 한스와의 관계도 정지 상태였다. 오늘 모니카는 여전히 그 자리에 있다. 그녀가 자기의 길을 포기했던 바로 그 자리. 그리고 이제 불행에 빠져 스스로에게 묻는다. '어떻게 하면 다시 내 길을 갈 수 있을까? 과연 그게 가능하기는 할까?'

크리스티안 역시 이런 생각을 했다. 그도 자신의 길을 다시

가고 싶었다. 그렇다! 두 사람 모두 지금 바로 그렇게 해야 한다! 주변 사람들은 너무 늦었다고 하겠지만 늦은 때란 없다. 자신의 행복과 자신의 길을 가는 일이라면 너무 늦은 때란 결코 없다. 자신의 고유한 힘을 믿고 이 힘을 발휘하여 자신의 길에만 열중하면 된다. 그러면 모든 장애물을 넘어 마침내 목표에 이를 수 있다!

2장

굶주린 늑대로
가득한 세상

04
당신은 충분히 강하다

현대 세계는 나날이 더 복잡해지고 더 많은 새로운 갈등 상황을 만들어낸다. 세계 경제위기의 영향으로 실직 위협이 커진 것처럼 세계적 사건들이 개인에게 직접적인 영향을 끼친다. 그리하여 세계적 사건은 개인의 문제로 발전한다. 위기는 갈등을 낳고 갈등 상황에서는 당사자들이 가능한 좋은 위치에 서기 위해 안간힘을 쓰게 된다. 그래서 위기 상황에서는 자신의 소망과 욕구를 옹호하는 일이 곧 다른 사람의 상반된 소망과 욕구를 방해하거나 해치는 일이 된다. 갈등은 당연한 결과다.

갈등 상황은 불편하다. 그래서 대부분이 일부러 혹은 무의식 중에 갈등을 피한다. 이런 갈등 회피는 종종 재정적인 손해를 낳거나 정당성을 상실케 한다. 게다가 가능한 한 갈등을 피하고 싶어 하는 이런 일반적인 심리를 역이용하는 사람들도 많다. 그들은 자신의 이익을 관철시키기 위해 '일부러' 갈등 상황을 만든다.

이런 '갈등 생산자'는 예를 들어 관행을 내세우거나 혹은 부당한 일을 무조건 밀어붙인다. 때때로 이런 '도발자'는 더 큰 권력을 가진 것처럼 속이기 위해 조직을 등에 업기도 한다. 적을 만났을 때 자신을 더 강하게 드러내기 위해 털을 곤두세우는 동물들처럼 말이다. 여기에는 상대가 감히 덤비지 못하기를 바라는 기대가 담겨 있다. 사람 사이에도 이런 식의 자기과시가 똑같이 작용한다. 옛 속담에 벌써 이르기를 빈 수레가 요란하다지 않았던가!

준비를 위해 잠시 숨 고르기

갈등 상황이 닥쳤을 때, 서로의 힘을 비교하고 이길 가능성을 가늠하기 전에 곧장 회피해버린다면 자신의 이익을 주장할 기회는 영원히 사라진다. 그러나 갈등 상황에서 먼저 자신의 힘을 발견하고 이 힘을 발휘한다면 자신의 정당성을 입증하고 주장도 관철시킬 수 있다.

여기에 필요한 도구들을 앞으로 이 책에서 발견하게 될 것이다. 도구를 손에 쥠으로써 강해진 기분을 갖게 되고 실제로 강해질 것이다. 그리고 상대방은 당신의 강함을 보게 될 터이고 과연 당신과 대적하는 것이 옳은지 숙고하게 될 것이다. 당신이 할 일은 당신의 힘을 즐기는 것뿐이다!

대부분의 갈등 상황에서 법률 상식은 필수 조건이다. 이것은 인터넷이나 핫라인 상담 혹은 직접 변호사로부터 얻을 수 있다. 비싼 돈을 내면서까지 법률 상담을 받을 필요가 있을까? 있다! 법적 확신 또한 갈등 상황 준비에 좋은 영향을 주기 때문이다.

05
싸움을 권하는 세상
_갈등의 세 가지 진실

대부분 '갈등'이나 '대립'이라는 단어를 들으면 부정적인 느낌이 먼저 든다. 심지어 두려움을 느끼기도 한다. 갈등이나 대립이 정말 그렇게 무서울까? 어쩌면 우리를 더욱 발전시킬 인생의 전환점이 아닐까? 사람들은 이미 오래전부터 이런 질문을 했고 그 대답을 찾기 위해 애쓴 결과 여러 진실들이 밝혀졌다. 나는 그것을 셋으로 요약하여 인용구 형식으로 소개하고자 한다. 각 진실들은 갈등이 왜 생기는지 그리고 어떤 결과를 낳는지 설명한다.

갈등은 삶의 일부다

갈등의 원인은 인간의 세 가지 본성에 있다. 첫째는 경쟁심이요, 둘째는 자신감 부족이며, 셋째는 인정받고 싶은 욕구다.

토머스 홉스(Thomas Hobbes, 영국 철학자)

인간의 삶은 곧 갈등이라고 해도 과언이 아닐 만큼 우리는 수많은 갈등을 겪는다. 소망을 간단히 이루며 사는 경우는 매우 드물다. 자신의 소망과 상반된 소망과 부딪치는 경우도 많다. 상대방이 왜 나의 소망에 반대하는지 그 동기가 항상 확실히 드러나는 건 아니다. 서로의 욕구와 이익이 상충하는 경우도 있지만 또한 단순한 시기와 질투 때문에 다른 사람의 이익에 무조건 어깃장을 놓는 경우도 있다. 이런 경우라면 갈등은 이미 시작된 것이나 마찬가지고 고뇌와 시련을 피하기 어렵다. 반대하는 동기와 상관없이, 반대 그 자체가 이미 장애물로 작용한다. 이런 장애물을 넘어 자신의 길을 계속 가려면 힘이 필요하다. 장애물을 치워야 한다. 그렇지 않으면 행복으로 가는 길은 거기서 멈춘다. 안타깝게도 갈등에 잘 대처하는 사람은 그리 많지 않다. 변화를 거부하는 사람, 개혁을 꺼리는 사람들의 저항이 두려워 더는 전진하지 못한 채 제자리에 머물러 있는 기업, 시민단체들도 많다. 이것은 어떤 일을 추진할 만큼 자신이 강하지 못하다고 느끼기 때문에 생기는 두려움이다.

그에 대한 사례를 하나 들어보자. 자기 사업을 시작해야 한다고 치자. 우리 모두 너무나 잘 알고 있듯이 반드시 지금까지 없었던 전혀 새로운 아이템을 개발하거나 생산해야만 사업에 성공하는 건 아니다. 기존의 것에서 관점만 살짝 바꿔도 큰 성공을 거둘 수 있다. 뭐든 조금만 더 잘하면 된다. 완전히 새로운 아이템만 성공할 수 있다면 어떻게 그렇게 많은 동종 음식점들이 곳곳에 생길 수 있겠는가? 그 많은 음식점들이 어떻게 망하시 않고 여전히 장사를 계속 하고 있겠는가? 같은 식당이라도 저마다 특징과 장점이 있는 게 분명하다. 그럼에도 불구하고 미래 기업가 지망생들이 기획안을 낼 때마다 여전히 똑같은 질문을 받는다. "그런 건 벌써 있지 않나?" 이 질문은 확실히 정확한 지적일 때도 있지만 대부분은 야망 넘치는 젊은이의 사기를 꺾어놓는 불필요한 지적일 때도 있다. 이런 질문을 받는 순간 미래의 기업가는 우리 사회가 경쟁 사회이고 언제 어디서든 갈등과 대립에 직면할 수 있음을 절감하게 된다. 만약 그가 이런 갈등과 대립을 두려워한다면 질문을 받는 순간 포기할 터이고 반대로 자신이 강하다고 확신한다면 전혀 기죽지 않고 끝까지 설명하여 결국에는 자신의 기획안을 관철시키고 추진할 것이다.

자신이 강하다는 확신이 들지 않는다면 확신을 갖도록 연습해야 한다. 그래서 마침내 자신의 기획을 주장하고 관철시켜야 한다. 위기 혹은 갈등을 이기는 기술을 알면 우선 두려움부터 사라진다. 그러면 삶도 더 행복해진다. 내가 변호사로서 몰두했고 또 경험했던 논쟁들에서 바로 이 기술을 배울 수 있다. 명심하라. '강한 사람'은 태어날 때부터 원래 강했던 사람이 아니다. 자신의 고유한 힘을 발견하고 그것을 사용함으로써 강한 사람이 된 것이다. 당신도 그렇게 할 수 있다. 강한 사람이 되는 일은 아주 간단하다.

위기는 갈등을 낳는다

위기를 극복하는 가장 좋은 방법은 공격이다.

니노 세루티(Nino Cerruti, 이탈리아 패션디자이너)

우리는 모두 공격에 노출되어 있다! 그래서 이른바 '방화벽'을 컴퓨터뿐만 아니라 우리 자신에게도 설치해야 한다. 공격을 방어하려면 방화벽이 필요하다. 방화벽을 구축하여 고유한 정체성과 자신의 소망과 관심을 보호해야 한다. 그렇다면 이 특별한 방화벽의 작동 원리는 무엇일까?

현대사회는 빠르게 변화하고 위기감을 주어 보호욕구를 자극한다. 옛 방식은 이미 힘을 잃었고 그 자리를 대신할 진정한 대안은 아직 등장하지 않은 것처럼 보인다. 사람들은 서로 거칠게 충돌한다. 어떻게든 충돌을 피하고 평화롭게 공존하기 위해 노력한다. 그러나 노력의 결과는 없고 단지 노력한다는 사실에 위안을 받을 뿐이다.

왜 이렇게 되었을까? 나눌 파이는 줄고 위기(금융 그리고 환경)는 증가하며 더불어 그로 인한 여러 제약들이 생기고 직장에서 요구하는 실적은 나날이 높아진다. 이런 상황 때문에 불공평한 분배에 대한 두려움이 생긴다. 두려움은 다른 사람을 모략하는 왕따로 이어진다. 그러나 현대 위기의 칼날은 모두에게 향했다. 그렇기 때문에 위기관리 능력은 누구에게나 매우 중요하고 필요하다. 그러므로 사회의 변화는 곧 개인의 변화다. 사회 변화의 영향에서 벗어날 수 있는 사람은 없다. 피할 수 없다면 맞설 수밖에 없다. 다시 말해 피할 수 없는 갈등이라면 맞서 싸워 이기는 수밖에 없다. 이것이 바로 세 번째 진실이다.

위기는 피하는 것이 아니라 이겨내는 것이다

> 위기의 '위'는 위험을, '기'는 기회를 뜻한다. 그러므로 위기 때는 위험으로부터 자신을 보호하되 위기가 곧 기회임을 알아야 한다!
>
> 리처드 밀하우스 닉슨(Richard Milhous Nixon, 37대 미국 대통령)

불행히도 사회복지제도가 점점 실효성을 잃고 있다. 그러나 여전히 많은 사람들이 국가와 사회제도를 믿는다(가장 대표적인 예가 '국민연금의 안정성'이다). 복지제도는 사람들로 하여금 자신을 위해 스스로 나서는 법을 잊어버리게 만들었다. 이것은 국가 및 사회라는 전체 영역의 현상만은 아니다. 가족 단위에서도 같은 문제가 생긴다. 이혼이 증가하면서 홀로 살며 문제들을 스스로 풀어야 하는 사람들이 늘었다. 이들이 스스로 나서서 문제 상황을 해결하지 않고 제도나 다른 사람 뒤로 도망친다면 불이익을 당하거나 위험한 함정에 빠질 수도 있고 심지어는 인생 전체를 망칠 수도 있다. 나눌 파이가 부족해지면서 상황은 더욱 악화되고 갈등은 더욱 심화된다. 국가는 재정이 부족해 편부모나 실업자처럼 후원과 보조가 필요한 사람들을 도울 수가 없다.

당연한 결과로서 결국 개인은 자신의 문제를 스스로 해결할 수밖에 없다. 과중한 부담으로 사회 분배 원칙은 붕괴 위기에 있다. 그러니 홀로 서야 한다. 어쩌면 현재 우리는 새로운 가치와 체계를 세우는 사회적 변환을 겪고 있는 중인지도 모른다. 이런 변환의 시기에는 기존의 규칙이 무너지고 새로운 규칙이 등장한다. 옛날 규칙의 붕괴와 새로운 규칙의 생성 사이에는 과도기가 있기 마련이고 과도기의 가장 두드러진 특징이 바로 갈등과 대립이다. 어차피 누구나 새로운 규칙에서 가장 큰 이익을 얻고 싶어 한다. 하지만 어떤 규칙이 실제로 통용되는지 어디까지가 경계인지 정확히 아는 사람은 없다. 결국 저마다 자신의 이익과 입장만을 더욱 강하게 주장할 수밖에 없다.

  모든 것이 극적으로 변하지 않는다 해도 어쨌든 지금까지 누렸던 복지를 그대로 유지하기엔 재정이 너무 부족하다. 각자가 스스로 책임을 져야 한다. 대립과 갈등은 피할 수 없는 현실이 되었다. 그러므로 도중에 발이 묶여 멈추지 않으려면 자신의 이익을 옹호하고 지켜내는 능력을 키워야 한다.

06
세상은 동물의 왕국
_누구나 스스로를 위해 싸운다

철학자들은 이미 오래전부터 사람과 사람 사이의 갈등과 대립을 인식했고 그에 관해 숙고했다. 영국의 철학자 토마스 홉스는 1642년 그의 저작 《시민론》을 통해 로마의 극작가 티투스 마키우스 플라우투스의 말을 인용해 인간 상호 간의 태도를 동물의 왕국과 비교했다. 이 유명한 인용구에 의하면 사람은 다른 사람에게 늑대와 같은 존재다(호모 호미니 루푸스(Homo homini lupus)). 늑대로 말할 것 같으면 옛날부터 인간에게 매우 위험한 존재로 유명했다. 사람들은 각자 자신의 관점에서 다른 사람들이 어떻게 늑대로 변하여 적을 '물어뜯는지(당연히 비유적인 의미에서)'에 대해 이야기한다.

나는 토마스 홉스의 모든 명제와 주장에 전적으로 공감하지는 않지만 인간의 갈등에 대한 평가만은 정확하다고 본다. 게다가 플라우투스 이래로 2000년도 더 지났지만 인간 상호 간 갈등의 양상과 정도는 거의 변하지 않은 듯 보인다. 비록 갈등은 늘 새로운 원인에서 발생하지만 그 핵심과 방향은 언제나 똑같은 법이다. 사람들은 오늘날 이것을 인식하기 시작했다. 갈등의 패턴과 그로 인해 발생하는 문제도 인식했다. 결국에는 인간의 이성이 이 모든 힘겨운 갈등을 없애도록 도울 테지만 당장 오늘 내일에 이루어지지는 않는다. 그때가 올 때까지 계속 갈등에 직면할 테고 그것들과 맞붙어야 한다. 그때 이 책의 가르침이 믿음직한 친구가 되어줄 것이다.

갈등은 어디에나 있다

신문이나 텔레비전 뉴스가 지구 곳곳의 수많은 갈등을 전한다. 전쟁이라는 폭력적 갈등에서 노사 간의 갈등까지 그 형태도 다양하다. 심지어 요즘에는 이웃 간의 다툼까지도 방송 소재가 되었다. 갈등이 미디어를 완전히 접수했다고 해도 과언이 아니다. 픽션 장르는 물론이고 논픽션 장르에서도 갈등을 주요 소재로 다룬다. 말하자면 갈등이 청취율과 시청률, 판매부수를 높인다.

앞으로 어떻게 전개될지 정확히 예상하기는 어렵지만 연이은 위기들은 확실히 갈등의 시대를 예고한다. 그리고 애석하게도 갈등의 시대가 쉽게 끝날 것 같지는 않다. 그러므로 갈등과 그에 적합한 대처 방식을 잘 아는 사람은 아주 유리한 입장에 선

셈이다. 갈등과 그 대처 방식을 알면 안정과 강함이라는 긍정적인 감정을 소유하게 된다. 그리고 이런 긍정적인 감정을 바탕으로 위험을 이기고 기회를 이용할 수 있다.

개인으로서의 인간

개인주의는 오래전부터 우리 사회의 유행어였다. 싱글과 연결되면서 바야흐로 개인이라는 단어는 싱글을 위한 상품에 더 많이 사용되었다. 개인주의는 싱글 상품 생산자가 만들어낸 말인가 싶을 정도다. 개인은 다른 사람에 대한 배려를 위해 자신을 희생할 필요 없이 가능한 가장 편안하게 원하는 대로 살 수 있어야 한다. 한편 동전의 양면처럼 위기와 갈등 상황에서도 다른 사람의 도움을 기대하지 말고 스스로 해결해야 한다. 사실 많은 싱글들이 이 부분에서 어려움을 겪는다.

그러나 넓게 보면 싱글들만 그런 것이 아니다. 싱글이 아닌 사람들도 역시 문제를 혼자 해결해야 한다. 갈등과 대립 상황이 잦아진다. 알고 지내는 사람의 수는 줄고 공동체의 관심보다 개인의 관심이 우선한다. 가장 좋은 사례가 바로 직장이다. 직장 동료가 있긴 하지만 원칙적으로 자기 업무는 자기가 책임져야 한다. 동료의 문제에 관여하는 위험을 감수하는 사람은 거의 없다. 솔직히 말해서 자기에게까지 불똥이 튈지 모르는데 누가 그런 위험을 감수하겠는가? 위기 상황이라면 특히 더 각자 자기 자신을 최우선으로 챙기고 몸을 사린다. 더 나아가, 대부분의 직장이 그렇듯 경쟁관계를 피할 수 없는데, 만약 경쟁자에게 문제가 생기면 자기에게 유리하다고 느끼는 사람이 많다.

　이미 잘 알겠지만 이런 상황에서 당신은 혼자다. 당신의 이익과 주장을 중심에 두고 스스로 그것을 성취해야 한다. 홀로 싸워야 하고 스스로 자신을 지켜야 함을 인정하고 그에 필요한 것들을 준비하라! 다음 장에서 만나게 될 변호 기술들이 도움이 될 것이다.

3장

변호사가 가르쳐주는 자기변호의 기술

07
당신도 할 수 있다

　자신의 이익을 옹호하고 스스로 선택한 인생길을 꿋꿋이 가려면 먼저 갈등을 피하지 말고 맞서 이겨내야 한다. 이때 도움이 될 만한 유용한 기술을 알고 있다면 훨씬 수월하리라.
　변호사들은 예로부터 갈등을 다루는 전문가로서 법적 지식 이외에 자신의(의뢰인의) 정당성을 주장하기 위한 고유한 기술을 개발했다. 어쨌든 이들은 의뢰인을 위해 당연히 '앞에' 나서서 싸워야 하는 변호사기 아닌가!
　변호사들은 단순한 법적 지식과는 무관한 변호 기술을 개발했다. 그리고 바로 이 기술을 당신도 배워야 한다. 그리고 스스로 당신을 위한 변호사가 되어야 한다.
　어쩌면 당신은 이쯤에서, 정당성을 주장하기 위해 굳이 변호사의 기술까지 배워야 하냐고 묻고 싶으리라. 몇몇 트릭과 노련한 대화능력이면 충분하지 않느냐면서. 확언컨대 그렇지 않다. 트릭은 대개 도움보다 해가 더 많다. 무엇보다 트릭은 그 효력이 아주 짧다. 그러나 개인의 힘을 중심에 두는 변호 기술의 효력은 아주 길고 확실한 성공으로 이끈다.

얕은꾀나 속임수에 굴복 당한 사람은 어떤 기분이 들까? 그렇다. 부당함이나 억울함 혹은 사기를 당했다고 느낀다! 이런 감정을 원하는 사람은 아무도 없으므로 모든 수단을 다 동원하여 꾀나 속임수를 방어할 것이다. 그리고 만약 방어에 실패했다면 다음 기회에 똑같이 되갚아주려 칼을 갈 것이다. 말하자면 꾀나 속임수를 잘못 썼다가는 상대방의 '블랙리스트'에 오르게 된다! 그 다음 수순은 상상에 맡기겠다.

만약 당신이 이 책에서 기발한 트릭이나 상대방을 한방에 날려 버릴 논쟁법 혹은 당신의 상상과 욕구를 채워줄 슈퍼 속임수의 불꽃놀이를 기대했다면, 미안하지만 당신은 실망할 수밖에 없다. 솔직히 그런 것들로 목표를 이룰 수도 없다!

당신의 힘을 바탕으로 이익을 관철시켰다고 상상해보라. 상대방은 당신의 힘을 느낀다. 그는 당신을 신중하게 가늠할 것이고 거의 자동적으로 자신의 패배를 감지하게 된다. 그리고 그의 '블랙리스트'에 오르지도 않을 텐데, 자기보다 더 강한 사람을 상대로 싸움을 걸 사람이 어디 있겠는가? 모든 인간은 내장된 브레이크를 갖고 있다. "너보다 강한 상대에게는 싸움을 걸지 마라. 그것은 위험하다." 자신의 고유한 힘을 믿기만 한다면,

바로 이런 메커니즘을 이용할 수 있다. 얕은꾀나 속임수로는 이렇게 할 수 없다.

갈등 전문가인 변호사

끈기 있게 갈등을 풀고 의뢰인의 정당성을 밝히기 위해 자신이 가진 모든 능력을 발휘하는 사람이 바로 변호사다.

갈등과 그 대처방법을 모르는 이른바 '갈등 문외한'은 위기 상황에 처하면 일단 쓸 수 있는 온갖 수단을 다 써보겠지만 결국 아무 성과도 얻지 못하고 어찌할 바를 모르다가 전문가를 찾아간다. 변호사는 갈등과 대립 전문가다. 왜냐하면 이들은 갈등과 대립 상황에서 의뢰인의 이익을 성공적으로 대변하는 방법을 전공으로 공부했기 때문이다. 이들은 법정에서 경험을 쌓고 그 경험을 바탕으로 갈등과 대립에 직면하는 용기를 키운다.

말하자면 변호사들에게 배우라는 말은 끈기 있게 주장을 관철시키는 법을 배우라는 뜻이다. 개인화 사회에서 개인이 개인의 길을 가는 데에 무엇보다 필요한 것이 바로 이것이다. 그러므로 이 중요한 기술을 배워 스스로를 변호할 때 써야 한다.

변호 기술을 배워 활용하기 위해 꼭 변호사가 되어야 하는 건 아니다. 사람은 누구나 기본적으로 고유한 힘을 가졌기 때문에 어느 정도의 지식과 연습이면 위기 상황을 스스로 해결할 수 있다. "Yes, we can!" 오바마가 이미 대통령 선거전에서 이렇게 만했다. 신세로 그는 매섰고 승리했다. 그러고 보니 그 역시 변호사였다!

당신도 할 수 있다! 자기 자신의 변호사가 되기만 하면 된다! 자신을 변호하는 기술을 배워라. 침착하게 미소를 짓고 당신의 입장을 확실히 지켜라.

좋은 변호사로부터 배우기

변호사에 대해 배우되 부디 좋은 변호사로부터만 배워라. 그런데 좋은 변호사란 누구인가? 그가 성공적으로 의뢰인을 변호할 수 있는 요소는 무엇일까? 바로 그것을 이제부터 당신에게 설명하고자 한다. 변호사로서의 내 경험과 지식을 모두 공개할 터이니 맘껏 퍼다 쓰길 바란다. 경기장, 선수 그리고 경기에 필요한 도구들을 소개할 텐데, 이것은 자신의 변호사가 되어 스스로 이익을 변호하는 데에 도움을 줄 것이다. 여러 갈등 상황과 법정 소송의 논쟁 경험도 들려줄 터인데, 이런 간접 경험은 고유한 힘을 키우는 데에 도움을 줄 것이다. 위기 상황에서 자신의 힘을 느끼고 그 힘을 효과적으로 발휘할 수 있는 안내서도 받게 될 것이다. 이 안내서로 당신은 자신의 관심과 소망을 대변하는 변호사가 될 수 있다.

이 책을 읽으면서 당신은 거짓말을 구별해내는 법 그리고 무엇보다 진실을 밝히는 법을 배우게 될 것이다. 현대의 다툼 문화를 분석함으로써 갈등을 성공적으로 해결하는 방법도 배우게 될 것이다. 또한 갈등을 피하기 위해 더는 숨지 않아도 됨을 깨닫게 될 것이다. 당신은 자신을 위해 직접 나설 수 있고 당신이 정말 원하는 방식으로 살아갈 수 있다. 그러니 스스로 자신의 변호사가 되라.

08
미국에서 총에 맞지 않으려면?
_논쟁의 문화를 파악하라

 구체적인 기술을 다루기 전에 먼저 경기장부터 살펴보자. 우리의 경기장은 이른바 '논쟁'이다. 우리는 하루하루를 논쟁 속에서 살고 있고, 그 안에서 갈등을 맞는다. 다시 말해 모든 갈등의 바탕이 바로 논쟁인 것이다. 논쟁 속에서 갈등을 성공적으로 해결하려면 개인의 고유한 힘을 발휘해야 한다. 이때 당신의 입장이 정당해야 하는 것은 두말하면 잔소리다. 정당하게 자신의 힘을 발휘할 때 갈등 해결에 성공할 수 있다.
 잘못된 결정과 함정을 효과적으로 피하고 보다 빨리 '자기 권리'를 찾으려면, 혹은 억울한 상황을 효율적으로 방어하려면 그 기본 바탕인 논쟁에 대해 먼저 알아야 하리라.

논쟁 문화란?

당신은 아마도 '논쟁'이라는 말을 이미 자주 들었을 테지만, 그에 대해 자세히 알아보거나 관심을 갖고 살피지는 않았을 것이다. 그러므로 그 정의와 현상을 먼저 알아보는 게 낫겠다.

논쟁이란 사회 구성원들이 대립 및 갈등 상황을 어떻게 체험하는지와 관련된다. 가장 먼저 지역적 차이를 고려해야 한다. 예를 들어 미국과 독일을 생각해보자. 미국 사람들은 독일 사람들과 다른 방식으로 갈등을 다룬다. 미국 사람들은 경제적 사고와 자신감을 바탕으로 갈등이 생기는 즉시 적극적으로 반응하는 반면, 독일 사람들은 일단 한발 뒤로 물러서는 것 같다. 말하자면 미국 사람들이 더욱 과감하고 적극적으로 갈등에 맞선다.

대부분의 미연방 주에서 총기 소지가 합법인 것만 보아도 그렇다. 미국에서는 위급한 상황이라면 무기를 써서라도 개인의 재산을 스스로 지킬 수 있다. 중요한 것은 위급한 상황에 대한 해석이 저마다 다를 수 있다는 것이다. 예를 들어 어떤 행인이 길을 단축하기 위해 울타리가 없는 개인 사유지를 침범했더라도 이것은 위급한 상황으로 해석될 수 있다. 그러나 독일에서는 거의 상상할 수 없는 일이다. 자기 앞마당에 들어온 행인을 총으로 쏠 사람은 없다.

이렇듯 두 지역의 서로 다른 사고방식이 완전히 다른 논쟁 문화를 낳는다. 그러므로 다양한 논쟁의 문화를 알 필요가 있다. 다시 한 번 우리의 사례인 행인에게 돌아가보자. 비록 미국에

산다고 해도 독일의 논쟁 문화에 익숙한 독일 사람이라면 자기 사유지에 들어온 행인을 총으로 쏘지 않을 것이다.

바로 이런 지식을 의식적으로 활용해야 한다. 당신이 미국에서 독일인의 사유지에 들어간다고 치자. 비록 그가 총을 쏴도 좋다는 허가를 받았더라도 총을 쏘지 않을 것임을 당신은 확신할 수 있다. 즉 총에 맞을 위험은 거의 없다. 법률상으로는 죽음으로 끝날 수도 있는 불법행위지만 실제로는 전혀 위험하지 않다.

이렇듯 논쟁 문화는 법률보다 더 광범위하다. 법률 지식만 있다면 엉뚱한 길로 들어설 수도 있지만 논쟁 문화를 이해한다면 확신을 가지고 대응할 수 있다. 논쟁 문화에 대한 지식이야말로 정말 알아둘 만한 지식이 아닌가!

거주지, 출생지, 연령대 등에 따라 논쟁 문화가 다르다. 논쟁 문화가 다를수록 보다 정확히 잘 알아야 한다. 무의식중에 실수를 저지르지 않으려면 당신이 속한 경기장의 논쟁 문화를 확실히 알아두라. 경기장의 문화를 제대로 파악하지 못한다면, 설령 당신의 논거가 확실하더라도 패배할 수 있음을 명심하라.

09
페이스북 친구도 인맥일까?
_살아 있는 인맥을 만드는 법

인맥이나 인간관계가 나쁘면 손해를 보게 된다고들 말한다. 맞는 말이다. 갈등과 위기에서 인맥은 확실히 도움이 되며 쓸모가 있다. 그러므로 인맥을 잘 관리하는 것도 갈등에 대비하는 기술 중 하나다. 단순히 폭넓은 인맥을 만드는 것만으로는 부족하다. 인맥을 돈독히 하고 돌봐야 한다. 그것이 올바른 인맥관리의 시작이다. 관리하지 않은 인맥은 무용지물이다.

양보다는 질이다

친구의 친구인 페터라는 사람의 사례가 여기에 안성맞춤이다. 페터는 전형적인 마당발이다. 그의 책상에는 미국 대통령 사진이 놓였다. 그리고 그 양옆으로 여러 나라의 전·현직 대통령과 세계 경제를 움직이는 거물들의 사진이 줄지어 섰다. 또한 그는 전 세계의 수많은 이용자를 자랑하는 유명 소셜네트워크 사이트인 페이스북에서 자신의 인맥을 열심히 자랑했다. 사실 그렇게 열심히 인터넷 바다에 사진을 뿌리며 인맥을 알릴 필요도 없다. 사이트의 기능 자체가 몇몇 사진만으로도 어떤 인맥을 갖고 있는지 즉시 꿰뚫는 것이기 때문이다. 이 사이트를 이용하는 사람들은 자신의 인맥, 즉 누구를 새로 사귀었고 누구와 알고 지내는 사이인지 낱낱이 밝히게 된다. 그런데 어떤 사람이 새로 사귄 A와 B의 사진을 올리고 A와 B는 서로 한 번도 만난 적이 없는 모르는 사이다. 그럼에도 불구하고 A와 B는 서로 알고 지내는 사이처럼 비쳐진다. 당연히 페터의 사진도 인터넷 바다 여기저기에 자주 등장한다. 그래서 꽤나 인맥이 탄탄한 사람처럼 보인다. 그러나 인맥관리가 얼마나 잘 되어 있는지를 보면 상황은 달라진다. 위기가 닥치면 인맥은 곧장 시험대에 오른다. 왜냐하면 알고 지내는 사람이 모두 친구인 건 아니기 때문이다. 심지어 개중에는 서로 대립관계인 적도 섞여 있다. 페터의 위기는 한 여자를 둔 갈등에서 시작되었지만 정작 싸움의 주제는 인맥 과시로 변했다. 대립의 주인공은 두 사람인 것이 확실했지만 이들은 마치 투견장의 몰이꾼처럼 자기편을 모았고 패싸움이라도 벌일 기세였다.

나 역시 페터의 인맥 안에 속했기 때문에 어느 날 전화를 받았다. 그는 지금의 대립 상황을 나와 함께 분석하고 싶다고 했다. 그래서 약속을 잡았고 지금까지의 진행 상황을 듣게 되었다. 어떤 전략으로 대립에 임할 것인지 묻자 그는 대뜸 이렇게 말했다. "인맥을 이용해야죠. 내 인맥이면 상대를 끝장낼 수 있어요. 전략 같은 건 필요 없습니다. 전화 몇 통이면 충분해요." 전략을 짜기 위해 나를 만났다고 생각했기 때문에 이런 대답이 사실 좀 당황스러웠다. 단지 자기의 인맥을 과시하기 위해 나와 만나려 했음을 그제야 알게 되었다. 싸움은 본격적으로 시작되었고 그 후 대략 6개월 동안 페터에 대해 아무 얘기도 듣지 못했다. 그러던 어느 날 우연히 나는 친구를 만났고 페터와 그의 싸움에 대해 들었다. 페터가 패배했다는 얘기였고 이미 예상했던 결과였다. 하지만 나는 전체 이야기를 상세하게 듣고 싶었다. 가장 나쁜 사례로 활용하기에 그만큼 좋은 사례는 없을 것 같았기 때문이다.

페터는 계획을 실행에 옮겼다. 인맥들 중에서 도움을 줄 만한 사람들에게 연락을 해 자신에게 닥친 일을 설명했다. 그러나 아무도 돕겠다고 나서지 않았다. 모두들 몸을 사렸다. 그 넓은 인맥 중에서 그를 돕겠다고 나서는 사람이 한 명도 없다니, 어떻게 그럴 수가 있단 말인가?

인맥에 속한 사람들이 이기적이라서 그런 게 아니다. 그들이 나쁜 사람이라서 그런 것도 아니다. 단지 잘못된 인맥관리 때문이다. 인맥은 어떻게 관리하느냐에 따라 그리고 얼마나 성실하게 관리하느냐에 따라 그 질이 결정된다. 하지만 페터는 인맥을 넓힐 줄만 알았지 관리할 줄을 몰랐다. 돌보지 않은 인맥에서는 어떤 도움도 기대할 수 없다. 개인적인 연결이 있을 때라야 나서서 돕는 법인데 페터는 이런 개인적인 연결을 중요하게 여기지 않았다. 책상 위에 미국 대통령과 찍은 사진이 있는 것은 확실히 멋진 일이다. 하지만 개인적인 연결 없이 사진 한 번 찍은 게 다라면 '미스터 프레지던트'에게 도움을 기대하기란 어렵다.

말하자면 페터는 세 가지 결정적인 실수를 저질렀다. 첫째, 인맥 넓히기에만 열중했지 넓힌 인맥을 관리하는 데는 소홀했다. 둘째, 인맥을 분류해 평가하지 않고 단지 자기가 만난 사람들의 화려한 이력에만 신경 썼다. 유명 인사나 권력자와 사진을 찍어 영원히 남기는 것은 확실히 으쓱한 기분을 준다. 그러나 그것은 위기 상황에서 도움을 얻을 수 있는 인맥이 당연히 아니다. 셋째, 인맥의 도움이 없을 때를 대비한 대안을 마련하지 않았다. 솔직히 페터는 저지를 수 있는 모든 실수를 저지른 셈이다.

살아 있는 인맥

당신이 맺은 인맥에 생기를 불어넣고 유지하는 것이 당연히 제일 중요하다. 인맥이 죽지 않게 하려면 우선 잘 관리해야 한다. 한마디로 유용한 인맥을 맺고 그 인맥을 잘 돌보라는 말이다. 인맥을 돌본다는 건 무슨 뜻일까? 상호 관계가 서로 주고받는(give and take) 건강한 관계여야 한다는 뜻이다. 주고받는 비율이 균형을 이룰 때 양쪽 모두 손해 보는 기분 없이 서로 도움이 되는 관계라고 느끼기 때문이다. 이것은 전적으로 인간적인 의미에서의 균형이지 결코 금전관계나 물질적 보상을 의미하는 게 아니다.

　인맥을 잘 관리해두어야 위기나 갈등 상황에서 결정적인 도움을 요청하고 받을 수 있다. 당신의 요청을 받은 상대방은 지금까지의 관계를 돌아보고 그것을 근거로 도울지 말지를 결정한다. 그가 도움을 요청할 때 당신 역시 그를 도와주리라 예상된다면 그는 당신을 도울 것이다. 이런 의무감이나 연대의식은 인맥이 살아 있을 때 생긴다. 인맥관리의 첫 단계가 바로 생기를 유지하는 일이다.

인맥관리 총정리
① 당신이 돌보고 관리할 수 있는 인맥을 탄탄히 다져라.
② 구체적인 상황별로 도움을 줄 만한 사람을 분류하고 믿고 얘기할 수 있는 사람이 누구인지 평가하라.
③ 주고받음의 균형을 유지하라. 도움을 받고 싶다면 상대방에게 관심과 시간을 투자하고 제공할 수 있는 후원을 아끼지 마라.
④ 갈등과 대립에 대비할 때 인맥만 너무 믿지 마라. 항상 대안을 마련하라.

　지금까지 위기와 대립에 임하는 정신적 자세를 살폈으니 이제부터는 갈등을 해결하는 데에 필요한 필수 도구들로 눈을 돌려보자. 우선 상대방의 진술에서 진실을 찾아내는 법과 거짓말을 감지하는 법을 배워야 한다. 그래서 나는 몸짓 언어, 진술 심리 그리고 대화 기술을 설명할 예정이다. 이런 지식은 당신에게 강함과 안정을 줄 것이다. '진실을 밝힐 줄 알고 가장 효과적으로 나를 방어할 수 있는데 어떤 부당한 일이 내게 생기겠는가?' 바로 이런 자신감과 안정감이 당신에게서 뿜어져 나올 것이고 상대방과 그 밖의 관계자 및 주변사람들이 이것을 감지할 것이다. 이런 자신감과 안정감의 빛은 당신의 고유한 힘이 되어 갈등과 대립에 영향을 미친다. 부연 설명은 이쯤에서 접고 이제 본격적으로 기술을 배워보자!

10

갈등의 구체적인 상황을 정확히 파악하라

갈등과 대립 상황에서 성공적으로 자기주장을 관철시키기 위한 첫 단계는 상황을 정확히 파악하는 것이다. 상황을 정확히 파악하려면 다른 사람들의 말을 무조건 다 믿어서는 안 된다. 어떤 것에도 속지 않도록 조심하라. 구체적인 상황을 면밀히 점검하라. 정신을 똑바로 차리고 사람들이 하는 말을 분석하고 특히 상대방의 몸짓을 주시하라. 몸짓이 거짓말을 적발하는 데에 어떤 구실을 하는지 나중에 상세히 살필 예정이지만, 사실 상황을 정확히 파악하는 데에도 몸짓을 살피는 것이 매우 중요하다. 동작, 태도, 몸짓이 말보다 더 진실을 드러내기 때문이다.

동기 연구

상황을 분석하려면 먼저 갈등 당사자 혹은 기관의 관심과 욕구를 명확히 파악해야 한다. 상대방의 관심과 욕구는 무엇인지, 그리고 당신의 관심과 욕구는 무엇인지 알아내야 한다. 또한 두 사람을 포함하여 갈등에 관련된 모든 사람들이 입게 될 손해나 피해 및 위험도 알아야 한다. 이익과 불이익을 잘 알고 있으면 협상에서 유리한 위치에 서게 된다. 예를 들어 상대방이 입게 될 불이익을 더욱 강조함으로써 압력을 가할 수 있다. 그리고 당신의 협상안을 받아들인다면 불이익을 입지 않도록 조처하겠다고 제안한다. 이것은 변호사들이 특히 잘 쓰는 전략이다. 혹은 당신의 제안을 받아들였을 때 상대방이 얻게 될 이익을 강조함으로써 상대방을 회유하여 당신이 입게 될 불이익을 예방할 수 있다.

관심과 욕구를 파악하려면 금전 관계와 배경을 알아야 한다. 상대방이 원하는 것이 돈이 아니고 대부분의 갈등이 그렇듯 단지 돈 하나만의 문제가 아님이 밝혀졌다면, 돈으로 회유하는 전략은 애초에 버리고 구체적인 상황에 따라 적합한 회유책이나 유혹 수단을 알아내야 한다.

직장을 잃는 경우를 예로 들어보자. 이런 경우 관계자는 대개가 보상 문제, 그러니까 사직서를 내는 조건으로 받을 돈을 두고 싸운다. 실제로 노동재판소에 접수된 대부분의 소송이 이런 돈 문제이다. 그러나 때때로 다른 경우도 있다. 오랫동안 열심히 성실하게 일했던 직원이 회사를 떠나야 한다고 가정해보자. 그는 이만큼 좋은 직장을 다시 구하기는 어렵다는 걸 잘 알고 있다. 게다가 나이도 많고 집에 걸린 융자금도 다 내지 못했다. 어쩌면 그에게는 퇴직금보다 직장생활 자체가 더 중요할지도 모른다. 이런 결정적인 배경을 모르거나 무시했다가는 자칫 큰 실수를 저지를 수도 있다.

또한 상대방의 모든 이해관계를 고려해야 한다. 당장 갈등의 핵심으로 떠올라 들끓는 곳만 봐서는 안 된다. 다양한 관점에서 여러 면을 관찰해야 한다. 상대방의 관심과 욕구를 분석함으로써 당신은 아주 특별한 지렛대를 손에 쥐게 된다. 또한 담판 혹은 논쟁에서 상대방이 무리한 요구를 할 때 그것이 정말 원해서 하는 요구인지 아니면 전략상 일부러 그러는지 점검할 수 있다. 노련한 변호사들은 종종 진짜 관심을 베일로 가리기 위해 전략적으로 부차적인 전쟁터를 연다. 그리고 당신은 그 전쟁터를 헤매며 상대방의 진짜 관심을 알아내기 위해 애쓸 테고, 당신이 부차적인 전쟁에 몰두하는 동안 상대방은 원래 계획했던 공격을 감행하여 승리를 거둔다. 이것은 오래전부터 널리 이용되는 잘 알려진 전략이다. 그러므로 자신의 관심과 욕구뿐 아니라 상대방의 진짜 관심과 욕구를 정확히 알고 있어야 한다.

주변을 살펴라

상대방의 진짜 관심과 욕구를 알려면 그 주변을 면밀히 조사해야 한다. 어디서 정보를 얻을지는 상대방이 누구냐에 따라 다르다. 예를 들어 회사나 기관이 상대라면 인터넷에서 기본 정보들을 얻을 수 있을 테고 노동조합 기관지나 신문기사 혹은 여러 칼럼들을 통해 당신이 처한 구체적인 상황 정보를 얻을 수 있다. 쓸 만한 정보다 싶은 건 일단 모두 모아라. 그런 다음 정보들을 잘 분류하고 분석하라. 리스트를 작성하여 분류한 정보를 정리하라. 이렇게 정리해둔 정보를 면담이나 협상 자리에 가져가 활용하라. 틀림없이 상대방은 당신의 준비성에 깊은 인상을 받고 당신을 존중하게 될 것이다. 그러면 당신은 목표에 한 걸음 더 다가선다.

11
휴일을 지키지 못한 영업사원
_나만의 목표 리스트를 준비하라

갈등이나 대립 상황에서 무슨 말을 할지 미리 생각해두는 것은 기본 중의 기본이다. 가장 적합한 말을 미리 장전해두었다가 적당한 때에 단추를 눌러 발사할 수만 있다면 아마 그것이 가장 이상적인 경우일 것이다. 발언을 하기 전에 잠시 시간을 내어 자기주장과 그에 대한 반대 주장을 예상해보고 어떤 식으로 논쟁이 이어질지 일종의 대본을 만들어두는 방법은 어떨까? 확실히 그럴듯하게 들린다. 하지만 아쉽게도 현실성이 떨어진다. 담판이나 언쟁이 미리 작성된 대본대로 진행되는 걸 나는 한 번도 보지 못했다. 대본 작성이 소용없다면 다른 가능성을 찾아야 하지 않을까?

우선 당신의 목표부터 명확히 하라. 그리고 목표들을 간단한 리스트로 작성하면 더욱 좋다. 대립의 주제로 떠오를 가능성을 기준으로 리스트의 목록에 점수를 주고, 점수에 따라 밑에 쓰기 할 수 없는 것, 중요한 것, 덜 중요한 것, 중요하지 않은 것 순으로 분류하라. 이때 미래의 발전을 고려하는 것도 잊지 마라. 어차피 대립을 하는 이유도 미래를 위한 것이기 때문에 또한 미래를 위해 물러설 수도 있음을 명심하라.

목표 리스트를 만들어두면 당신이 정말 원하는 것에 대한 전체적인 조망을 갖게 된다. 당신이 원하는 것을 알고 있으므로 대본이 없어도 그것을 말할 수 있다. 대본이 없는 것이 오히려 더 좋은데, 미리 마련된 표현에 매이지 않고 더욱 유연하게 대처할 수 있기 때문이다.

변호사들 역시 이런 식의 목표 리스트를 준비한다. 다른 점이 있다면 종이에 기록한 것이 아니라 머릿속에 저장해두었다는 점이다.

갈등의 심화 혹은 대립적 담판

담판은 당사자들이 다양한 관심과 욕구를 상호 교환하는 대화다. 즉 이 책에서 말하는 담판이란 법정 소송보다는 모든 종류의 대화, 갈등에 대한 합의 및 해결책을 찾기 위한 언쟁을 뜻한다.

담판의 형식으로 관계자 간의 정보가 교환되고 다양한 관심과 욕구들이 드러나며 이상적인 경우에는 여러 관점이 통합된다. 그러나 관점의 통합에 실패하는 경우도 많은데 갈등이 더욱 심화되거나 상호 대립적인 담판을 벌이기 때문이다. 대립적 담판에서는 관심과 욕구들이 서로 상충된다. 한쪽의 욕구를 채우기 위해서는 반대편의 욕구 중 중요한 부분을 희생시켜야 한다. 관계자 모두가 만족할 수 있도록 양측의 욕구를 모두 채우기 위한 시장의 흥정과는 다르다. 대립적인 담판에는 손해를 볼 위험이 있다. 담판은 기본적으로 당사자 간에 늘 있었던 문제가 원인이 되어 벌어지기 때문에 양측은 필사적으로 맞붙는다. 이런 담판은 규칙이나 체계 없이 걸러지지 않은 채 마구잡이로 진행되기 때문에 갈등은 더욱 심화된다. 그러면 결국 비용이 드는 법정 소송으로 이어진다. 이 시점에서 과연 자신의 권리를 타협의 여지없이 관철하는 것이 나은지, 아니면 적당한 선에서 타협하는 것이 나은지 신중하게 생각해봐야 한다. 사실 이런 숙고는 법정 소송이 아닌 어떤 담판에서든 항상 먼저 해야 한다.

담판은 정보 교환의 장이다. 여기서 필요한 기술은 양측의 관심과 욕구를 충분히 보호하되 자신의 관심과 욕구를 약간 더 보호하도록 정보를 교환하는 것이다. 이것은 확실히 연습이 필요한 복잡한 의사소통 기술이다. 표현 방식, 앉은 자세, 담판의 장소, 가장 중요한 담판 당사자 등 모든 세부 요소들을 중요하게 여겨야 한다. 모든 요소들이 하나의 상황으로 드러날 테고 상대방은 그것에 반응할 것이다. 예를 들어 상황이 위협적으로 느껴진다면 상대방은 공격태세를 취할 것이고 상황을 명확히 파악할 수 없거나 불안감이 든다면 먼저 탐색하고 분석하는 자세를 취할 것이다.

담판 준비

담판을 잘 준비하고 싶다면 먼저 담판의 목표, 당신의 관심, 상대방의 관심, 가능하다면 유용한 대안들까지 담판에 관한 상세한 그림을 그려두라. 달리 표현하면, 담판 상황에서 안정감을 느낄 정도로 모든 주변 상황을 철저히 조사해두라. 당신에게서 느껴지는 안정감에 상대방은 깊은 인상을 받을 것이다. 이것이 결정적인 구실을 한다.

준비는 두 단계로 나뉜다. 첫 단계는 근본에 깔린 상황을 정확히 분석하는 것이고, 두 번째 단계는 자신의 권리와 의무를 인식하고 목표를 구성하는 것이다. 상황을 파악했다면 이제 당신의 담판 목표가 무엇인지 리스트를 작성하라. 당신이 정말 원하는 것을 종이에 적어라.

목표 리스트 작성이 시작이다

목표 리스트를 만들 때 부끄러움은 금물이다. 당신에게 중요해 보이는 것이면 무엇이든 솔직하게 기록하라. 나중에 여러 관점에서 살폈을 때 그다지 중요해 보이지 않는 목표가 발견된다면 그때 지워버리면 그만이다. 모든 목표가 당신의 소망과 일치한다는 확신이 들 때까지 목표 리스트를 계속 수정하라. 대부분의 경우 리스트 전체가 결국은 하나의 그림을 그릴 것이다. 그 그림이 앞으로 당신이 따라야 할 운행표다. 목표 리스트를 책상 위에 두든, 머리에 저장하든 상관없지만 어쨌든 담판의 자리에 반드시 가져가야 한다. 그래야 목표와 담판 상황을 비교할 수 있고 필요하다면 목표를 수정할 수도 있는 것이다. 또한 모든 것을 기록한 리스트를 가졌으므로 혹시 잊은 것이 있나 불안해할 필요도 없다.

목표 리스트 작성법

당신은 이제 담판에서 얻으려는 것이 무엇인지 알았고 목표의 전체 그림도 파악했다. 이 모든 것을 종이에 기록했다. 그러나 목표를 종이에 모두 적었다고 해서 그것이 곧 목표 리스트인 건 아니다. 목표들을 분류하고 조직했을 때 비로소 적합한 목표 리스트가 된다. 그러니 이제부터 목표들을 분류하고 조직해보자.

두 번째 종이를 꺼내 목표를 적되 중요도에 따라 위에서 아래로 정렬하라. 그러니까 가장 중요한 목표를 제일 위에 적고, 그 다음 중요한 목표를 그 아래에 적는 식으로 말이다. 만약 두 목표 중 더 중요한 것을 결정하기 힘들면 둘 다 같은 줄에 적어라. 목표마다 번호를 짓어 그 순위와 중요도를 한눈에 알아볼 수 있게 하라. 그러면 흥분된 담판 상황에서도 자신의 목표를 쉽고 빠르게 조망할 수 있다. 목표의 중요도를 알고 있으면 담판에서 침착할 수 있다. 그래서 흥분한 나머지 매우 중요한 목표를 희생시키고 전혀 가치가 없는 것을 얻어내는 일이 생기지 않는다. 중요도에 따라 정렬된 리스트를 다시 한 번 훑어보며 지워도 될

목표가 있는 시 섬섬히라.

목표의 중요도를 가늠하는 것이 목표 리스트 작성의 핵심이다. 시간을 갖고 당신의 목표들을 찬찬히 살펴라. 무엇이 당신에게 가장 중요한가? 포기해도 좋은 목표는 무엇인가? 담판에서 뭔가를 양보해야 할 때 이런 분류는 유용하다. 중요도가 낮은 목표임을 알고 있다면 담판에서 양보하거나 포기하는 일이 훨씬 쉬울 것이다. 중요하지 않은 목표를 양보함으로써 상대방의 마음을 누그러뜨리고 수용하는 태도를 취하게 할 수 있다. 결국 당신은 중요하지 않은 목표를 버리는 대신 중요한 목표를 관철시킬 수 있다. 작은 것을 포기함으로써 더 큰 것을 얻는 셈이다.

목표 리스트를 들고 담판에 임하기 전에 해야 할 분류가 하나 더 남았다. 이 분류는 당신이 더욱 성공적으로 목표를 이루도록 도울 것이다. 대부분 목표를 적을 때 기본적으로 담판에서 다룰 수 있는 것보다 훨씬 많이 적는다. 그렇기 때문에 리스트가 너무 광범위하지 않도록 원칙을 정해 계층화해야 한다. 이미 순위는 정해졌으니 구역만 나누면 된다. 세 개씩 한 구역으로 묶어라. 그러니까 가장 중요한 세 목표가 첫 번째 구역에 속하고, 다음으로 중요한 세 목표가 두 번째 구역에 속하는 식으로 말이다. 이제 당신은 최상의 목표 리스트를 가졌다.

배관공과의 담판

 목표 리스트가 완성되었으니 그 활용 예를 짧게나마 들어보자. 수도 배관에 문제가 있어 배관공을 불러 수리를 맡겼다. 그런데 제대로 수리가 되지 않은 것 같다. 배관공에게 항의 전화를 하니 배관공은 당신과 의견이 다르다. 수리를 제대로 마쳤다고 주장한다. 상황을 명확히 규명하려면 아무래도 수리된 배관을 같이 보면서 얘기해야 할 것 같아 배관공을 다시 집으로 불렀다. 배관공이 왔고 두 사람은 작업 상태를 찬찬히 살폈다. 당신의 지적대로 잘못된 점이 있었고 배관공은 대수롭지 않은 문제라고 주장했다. 하지만 당신이 보기에 배관공은 이 논쟁을 길게 끌고 싶지 않은 듯했다. 그도 그럴 것이 논쟁을 길게 해봐야 배관공의 평판만 나빠질 테고, 배관공의 성공은 어차피 고객의 평판과 입소문에 달렸기 때문에 고객과 싸워봐야 자기 손해일 테니 말이다. 더욱 다행인 것은 수리비를 아직 계산하지 않았다는 점이다. 당신은 영리하게도 수리가 완벽하게 완료된 것을 확인한 후 비용을 지불하기로 계약을 했다. 배관공은 빨리 수리비를 받고 싶고 수리를 다시 하는 건 큰 문제가 아니다.

 그래서 배관공은 당신에게 해결책을 제안한다. 그러나 그의 제안이 당신의 욕구를 모두 만족시키지는 않는다. 그러니까 몇몇 욕구는 포기해야 한다. 그 대신 수리비를 깎을 수 있다. 즉 돈을 아낄 수 있다. 이제 당신이 결정할 차례다. 상대방의 수에 속지 않도록 제안의 내용을 잘 가늠해야 하는 동시에 배관공의 제안을 거부하고 끝까지 당신의 요구 전부를 고집하는 짓이 과연 의미가 있는지도 가늠해야 한다. 이때 가장 좋은 방법이 순위와 구역 분류에 주의하며 목표 리스트를 보는 것이다. 중요한 목표일수록 리스트 위쪽에 있으므로 당신은 한눈에 중요도를 가늠할 수 있고 배관공의 제안이 어떤 가치를 갖는지 즉시 알 수 있다. 그로써 당신은 과도한 욕심에 빠지지 않고 적절하고 공평한 상황을 만들 수 있다. 달리 표현하면, 스스로 정의를 실현한다.

당신의 진짜 목표를 찾아라

목표가 없으면 인생에서뿐 아니라 담판에서도 이리저리 함부로 끌려다니게 된다. 그러므로 목표를 정하는 것은 매우 중요한 일이다. 목표를 정한다는 것은 스스로 길을 선택하고 그 길을 걸어갈 방식도 정한다는 뜻이다. 목표 리스트에 대해서는 이미 다루었으니 이제 목표를 정하는 기본 관점에 대해 알아보자.

어떤 관점에서 목표를 발견하느냐가 가장 중요하다. 가장 먼저 자기 자신과 솔직하게 만나야 한다. 목표를 정하는 관점이란 곧 배후 조종자의 관점이냐, 아니면 자신의 고유한 관점에서냐의 문제다. 정확히 말해 다른 사람의 영향으로 당신의 고유한 관심이 왜곡될 수도 있다는 뜻이다. 주변의 많은 사람들이 당신의 목표에 영향을 미쳐 자신의 이익을 챙기려 한다. 다른 사람의 관심이 당신의 목표 안으로 살금살금 기어들어 온다. 극단적인 경우에는 당신의 관심을 위해서가 아니라 다른 사람으로부터 주입된 다른 사람의 관심을 위해 대립할 수도 있다. 이것은 이중 재앙이다. 당신은 다른 사람의 목표를 위해 이용되면서도 그것이 당신의 고유한 관심이라고 착각한다. 그리고 대립이 초래할 부정적인 결과의 위험을 무릅쓴다. 대립에서 성공하든 실패하든 언젠가는 엉뚱한 목표에 에너지를 소비한 사실을 깨닫는다. 엉뚱한 목표는 결국 당신의 노력을 헛되이 하고 심지어 당신에게 큰 피해를 줄 수도 있음을 명심하라.

혹 오해할 사람이 있을까 싶어 강조하건대, 오로지 자신의 목표만을 내세우고 다른 사람의 목표는 전혀 신경 쓰지 말라는 뜻이 아니다. 다른 사람의 관심이라고 해서 늘 당신의 관심과 상반되는 건 아니다. 당신과 같은 편에 선 사람들도 확실히 많다. 의식적으로 후원할 가치가 있는 관심이라면 다른 사람의 관심이라도 그것을 위해 에너지를 써야 한다. 위에서 말한 다른 사람의 관심, 즉 엉뚱한 목표란 당신에게 '슬쩍 주입된' 관심인데도 당신의 고유한 관심인 것처럼 착각하게 하는 걸 말한다. 다른 사람이 자신의 목표를 달성히기 위해 당신을 이용한다. 당신은 다른 사람에게 조종되어 당신에게 별로 중요하지 않은 목표(다른 사람에게 가장 중요한 목표)를 마치 가장 중요한 목표인 것처럼 착각하고 그것을 이루기 위해 애쓴다.

그럴 리가 없다고 생각하는가? 누군가 당신을 조종하려 들면 금방 알아챌 것 같은가? 오늘날 대부분의 경제가 배후조종을 이용한다. 그리고 배후조종 기술 또한 뛰어나 매우 성공적이다. 가장 흔한 예로 광고를 생각해보라. 가장 수준 높은 배후조종이 자행되지 않던가. 단순히 상품 정보만 주는 광고는 거의 보기 드물다. 때로는 노골적으로 때로는 은근히 구매 욕구를 자극한다. 그렇다고 광고가 무가치하거나 경멸스럽다는 뜻은 결코 아니다. 그저 현대에 배후조종이 얼마나 만연되었는지 보여주려는 것일 뿐이다. 그리고 알다시피 광고는 어떤 면에서 우리에게 즐거움도 주지 않던가! 여하튼 배후조종의 위험을 인식하고 당신이 이루려 애쓰는 목표가 정말 당신의 목표인지 혹은 어떻게 지금의 목표를 갖게 되었는지 성찰해보라. 또한 다른 사람의 관심을 정확히 살펴야 한다. 그러지 않으면 자칫 다른 사람의 대항마가 되어 싸우다 결국에는 빈손으로 버려질지도 모른다. 더 명확히 표현하면, 자기 자신의 욕구와 목표를 저버렸기 때문에 결국 당신은 화가 머리끝까지 나고 스트레스가 목까지 차게 될 것이다! 제대로 된 목표 설정이라면 결코 이런 결과를 낳지 않는다.

한눈팔기의 불운한 결과

자기 목표에서 다른 사람의 목표로 한눈을 판 가장 좋은 예로 한 의뢰인을 소개하겠다. 익명성 보장을 위해 여기서는 파울이라 부르기로 하자. 파울은 전자제품 대형매장 직원이었다. 대부분의 전자제품 매장이 그렇듯 파울이 일하는 매장도 휴일에 영업을 했다. 그래서 직원들은 교대로 휴일 근무를 맡았다. 그런데 모든 직원이 교대 근무를 한 게 아니었다. 파울은 거의 매 휴일 근무를 했다. 당연히 그걸 원했던 건 아니었다. 파울 역시 여느 사람들처럼 집에서 쉬면서 가족들과 휴일을 보내고 싶었다. 그러나 항상 휴일 근무가 배정되어 그렇게 할 수가 없었다.

마침내 파울은 화가 나서 상사를 찾아 갔고 휴일 근무를 바꿔달라고 청했다. 매 휴일 근무하는 사람은 자기뿐이며 그것은 부당하다고 항의했다. 파울의 항의에 상사는 매달 75유로에 상당하는 상품권을 보상으로 주겠다고 제안했다. 상품권 제안에 파울은 귀가 솔깃했다. 상품권을 받는다는 말은 그동안 팔기만 했던 전자제품들을 직접 살 수도 있다는 뜻이었기 때문이다. 최신 전자제품들을 늘 써보고 싶었고 그래서 상품권 제안은 매우 매력적이었다. 파울은 상사의 제안을 받아들였다.

파울은 집에 와서 이날의 담판을 가족들에게 전했다. 실망한 표정으로 막내아들이 말했다. "하지만 아빠! 아빠가 정말 원했던 건 휴일에 집에서 쉬는 거였잖아. 그런데 달라진 게 하나도 없네." 나싯 살짜리 아들의 간단한 논리에 파울은 그제야 자신의 실수를 깨달았다. 자신의 진짜 목표에서 한눈을 팔고 다른 사람이 내민 미끼를 덥석 물었던 것이다. 같은 주제로 상사를 다시 찾아갈 수도 없는 일이었다. 자기가 정말 원하는 것도 모르는 한심한 사람으로 보이고 싶지 않았기 때문이다. 결국 휴일 근무는 계속되었고 아내의 불만은 쌓여갔다. 그리고 아내는 급

기아 파울은 떠났다. 휘일마다 남편을 빼앗기는 기분에 너는 시달리고 싶지 않았기 때문이다. 파울은 자신의 진짜 목표에서 한눈을 팔았을 때 어떤 결과를 얻는지 아프게 배워야만 했다. 파울은 자신이 진짜 원하는 것을 얻지 못했을 뿐 아니라 소중한 모든 것을 잃었다!

12

손해 보지 않고 담판 짓는 법
_당신이 빠지기 쉬운 10가지 협상의 함정

아무리 철저히 준비한다 해도 담판에서 함정에 빠질 위험은 늘 도사리고 있다. 그렇지만 담판 함정을 비켜가는 일이 그리 어려운 것도 아니다. 위험이 있으리라는 걸 알기만 하면 된다. 속담에도 있지 않던가. "위험을 예견했다면 이미 절반은 피한 것이다!"

자, 그럼 담판에서 자주 만나게 되는 위험들을 알아보자. 일종의 '함정 베스트 10'을 나름대로 선정해보았다. 어떤 함정들이 있는지 그에 따른 해결책은 무엇인지 찬찬히 살펴보자.

함정 베스트 10
① 불투명한 담판 상황
② 부족한 자료 혹은 정리되지 않은 자료

③ 대안 부재

　④ 부정적인 외부 상황

　⑤ 담판 언어 및 어려운 전문용어

　⑥ 수사학적 거품과 침묵 공격

　⑦ 문을 열기도 전에 박차고 들어가다

　⑧ 암기한 대로 진술하기

　⑨ 건성으로 듣기

　⑩ 즉각적인 대답

함정 1: 불투명한 담판 상황

　담판 상대가 자신의 진짜 목표를 명확히 밝히지 않는 상황이 발생할 수 있다. 일반적이고 진부한 말 뒤에 목표를 숨겨놓는다. 이런 상황에서 당신은 답답함을 느끼고 사방이 막힌 기분이다.

　대립적인 담판에서 종종 듣게 되는 진술이 바로 '누군가에게서 들었다'이다. 말하자면 누군가로부터 전해들은 내용을 진술한다. 만약 당신의 담판 상대가 이처럼 이름을 거론하지 않은 채 '누군가'만 계속 고집한다면 그것을 허락하지 말고 어디서 누구에게 들은 것인지 꼬치꼬치 캐물어라. 이름을 명확히 밝히지 못한다면 그것을 거짓으로 받아들일 것임을 단호하게 말하라. 출처가 명확치 않은 것은 단순한 허풍이나 공갈협박이며 그런 것에 일일이 대응할 생각이 없음을 밝혀라. 이때 상대방의 지위가 높을수록 당신은 더욱 자신 있고 당당하게 출처를 캐물어야 한다. 자신 있고 당당한 태도에 대해서는 뒤에서 다시 다룰 예정이다.

출처를 명확히 밝혔더라도 쉽게 사실로 믿기 어려운 내용들이 진술되는 경우도 가끔 있다. 전해 들었다는 내용을 있는 그대로 믿어야 할지 말아야 할지 헷갈리는 상황이라면, 진술한 내용을 확인해보고 싶으니 잠시 기다려달라고 청하라. 그 말을 했다는 장본인에게 직접 전화를 걸어 확인을 하겠다고 말하라. 이때 상대방의 반응을 살펴야 한다. 진위 여부를 확인하기 위해 잠시 담판을 중단하겠다고 할 때 어떤 표정과 태도를 취하는지 살펴라. 담판 중단 요청을 거부하는가? 그렇다면 진술 내용의 진실성에 자신이 없다는 뜻이다. 이것은 종종 손에 든 펜을 신경질적으로 내던지는 동작으로도 드러난다. 당연히 이외에도 낭패감을 드러내는 동작은 많다.

어쨌든 상대방의 표정과 태도를 살폈을 때 당황한 기색이 보인다면 당신의 느낌을 믿고 그것을 지적하라. 진술 내용을 확인하기 위해 담판을 중단하는 것이 상대방에게 혹 불편한지 물어라. 이때 개방형으로 물어야 한다. 전화로 사실 여부를 확인하고 싶으니 잠시 담판을 중단하면 어떻겠냐는 단순한 질문 하나가 정중한 인상을 줄 뿐 아니라 상대방을 떠볼 수 있는 좋은 기회를 준다. 사실 전화통화는 길어야 5분이면 충분하기 때문에 담판을 잠시 중단하는 것은 그리 큰 문제가 아니다. 그럼에도 불구하고 상대방이 시간 낭비를 이유로 서화 확인을 거부한다면 뭔가 켕기는 것이 있다는 뜻이다. 이때 뭔가 숨기는 것이 있는지 다시 물어라. 당신의 요청에 대한 상대방의 거부반응을 침착하게 지적하고 사실 확인을 두려워하는 것처럼 보인다고 말하라. 이런 상황에서는 특히 자신의 이성과 감성을 믿어야 한다. 당신의 이성과 감성이 상대방의 진술을 거짓이라고 결론 내렸다면 침착하게 당신의 생각을 밝혀라. 그러나 항상 정중하게 말해야 하고 거짓말이 확실한 것처럼 반응해서는 안 된다. "잘 믿기지가 않는군요. 하지만 확인해보도록 하죠." 이 정도면 적당하다. "말도 안 됩니다!" 이것은 너무 직설적이다. 이런 확정적인 표현은 거짓임이 정말 확실할 때만 사용하라.

'비도덕적인 제안'을 받을 때도 있는데, 말하자면 담판을 양보할 테니 다른 영역에서 그에 대한 보상을 약속해달라는 제안을 받는 것이다. 비도덕적이거나 심지어 범죄에 가까운 제안을 받았을 때 어떤 반응과 태도를 보여야 할지 공인된 처방은 없지만 상대방의 의도를 묻는 질문은 꽤 유용하다. 제안한 내용의 구체적인 의미를 다시 한 번 물어라. 상대방의 대답을 들은 후 제안에 대해 숙고해볼 테니 내용을 간단히 적어달라고 청하라. 이런 경우에도 역시 잠시 담판을 중단하고 생각할 시간을 갖는 것이 아주 유용하다. 당신의 목표에서 한눈을 팔게 하는 상대방의 제안을 받아들였다가 법적 처벌을 받을 수도 있고 그것 때문에 공격을 받을 수도 있다. 그러면 상대방은 유리한 고지를 점령하고 자기가 원하는 대로 담판을 풀어가게 된다. 그러므로 이런 제안에 특히 주의하라. 이때 역시 당신의 건강한 이성을 믿어라. 만약 뭔가 석연치 않은 느낌이 든다면 망설이지 말고 그 느낌을 믿어라.

함정 2: 부족한 자료 혹은 정리되지 않은 자료

이런 경험이 한 번쯤은 다 있으리라. 담판 날짜는 다가오고 준비할 시간은 부족하다. 담판과 전혀 상관없는 일이 갑자기 터지고 그것 때문에 시간은 더욱 빠듯하다. 예를 들어 아이가 갑자기 아파서 병원에 데려가야 하거나 갑자기 다른 약속이 생긴다. 결국 담판 준비를 위해 세웠던 시간 계획은 엉망이 된다. 그리고 불운한 결과를 가져온다. 시간 부족으로 준비한 자료 또한 부족하고 정리도 되지 않았다. 게다가 미처 준비하지 못한 자료가 만약 중요한 자료라면 정말 불운한 결과를 맞을 수밖에 없다. 자료가 부족하거나 정리되지 않은 것은 곧 자살골을 넣는 것이나 마찬가지다. 그러므로 제때에 자료를 준비하고 잘 정리해두어야 한다. 변호사들이 주로 이용하는 간단하지만 효과만점인 자료 준비 및 정리법이 있다. 변호사들은 맡은 소송과 관련된 자료를 모을 때 처음부터 별도의 파일을 만들어 분류한다. 그렇기 때문에 단순한 자료 모음이 아니라 순서에 맞게 체계적으로 정리된 자료를 갖게 된다. 새로운 자료일수록 앞에 둔다. 즉 뒤에서부터 앞으로 올수록 최신 자료가 된다. 가장 오래된 자료는 맨 뒤에, 가장 최근 자료는 맨 앞에!

　자료를 충분히 준비하는 것도 중요하지만 자료를 잘 정리하는 것 역시 대단히 중요하다. 부족한 자료를 들고 담판에 임하는 것은 중대한 실수다. 그러나 더 심각한 실수는 정리되지 않은 자료 더미 속에서 필요한 자료를 정신없이 뒤지는 것이다. 이것은 당신이 제대로 준비하지 못했다는 인상을 준다. 그리고 결국 상대방에게 유리한 고지를 뺏기고 만다. 그러므로 자료를 활용할 생각이라면 어떤 자료가 어디에 있는지 훤히 꿰고 있어야 한다. 파일에서 필요한 자료를 정확히 집어내고 즉시 제시하는 모습을 상상해보라. 자신감 넘치고 당당해 보이지 않는가? 노련한 변호사는 심지어 자료를 훑을 때 벌써 중요한 부분에 표시를 해둔다. 이것은 별것 아닌 듯싶지만 커다란 효과를 내는 투자다. 그리고 어떤 담판에서든 그 가치를 발휘한다.

　필요한 자료를 즉시 찾아내어 제시하는 당신의 태도는 당당함을 자아낸다. 그리고 상대방은 그런 당신의 태도에 깊은 인상을 받을 테고 심지어 당신에 대한 존경심도 생길 것이다. 당신은 능력 있어 보이고 확신에 차 보인다. 당신의 주장과 관점은 확실히 힘이 있어 보인다. 당당함과 자신감 넘치는 태도는 항상 도움이 된다. 당신은 유리한 고지를 차지하게 되고 담판을 승리로 이끄는 동력을 얻는다.

함정 3: 대안 부재

담판을 시작하기 전에 여러 시나리오를 예상해두어야 한다. 크게 세 가지 가능성이 있다. 첫째, 당신의 관심과 욕구를 모두 성취한다. 둘째, 당신의 관심과 욕구를 하나도 성취하지 못한다. 셋째, 관심과 욕구를 조금씩 양보함으로써 양측 모두 만족할 만한 해결책을 찾는다. 이 세 가지 가능성을 바탕으로 전략을 세워야 한다. 그러므로 각각의 경우에 어떤 결과가 나올지 미리 예상해야 한다.

각각의 경우 어떤 결과가 나올지 알고 있다면 당신은 담판에서 좋은 패를 손에 쥔 셈이다. 당신은 상대방의 반격을 막으려면 어떤 것을 중점적으로 다루어야 할지 이미 잘 알고 있다. 담판 상황에서 '이제 어떻게 해야 하지?'라고 속으로 중얼거리며 당황하는 일이 있어서는 안 된다. 이것은 잘못된 결정을 내리는 지름길이다.

간단한 예를 들어보자. 당신은 연봉 인상을 요청할 작정이다. 당신의 업무와 실적을 설명하고 당신의 가치를 드러낼 수 있도록 완벽한 준비를 했다. 그러나 사측은 어떤 경우에도 연봉을 올릴 생각이 없다. 당신은 이것을 면담 과정에서 알게 되었다. 게다가 정리해고를 계획 중이다. 이제 당신은 연봉 인상 요청을 무조건 철회할지, 아니면 해고될 각오를 하고서라도 연봉 인상을 계속 주장할지 결정을 내려야 한다. 이런 변수에 대한 준비가 되지 않았다면 잘못된 결정을 내릴 위험이 크다.

당신의 요청에 대해 과연 사측이 해고로 반응할지 가늠해보아야 한다. 그럴 수 없다는 확신이 든다면 흔들리지 않고 연봉 인상을 고집할 수 있다. 반대로 해고될 수도 있다는 생각이 든다면 당신은 신중하게 새로운 국면을 찾아야 한다. 담판의 성패는 전적으로 준비에 달렸다.

함정 4: 부정적인 외부 상황

자신의 관심을 인식하고 담판에서 승리하기 위해 애쓰는 것에서 눈을 돌려 외부 상황을 살펴보자. 가장 중요한 외부 상황은 담판이 벌어지는 장소일 것이다.

장소는 담판 분위기에 엄청난 영향을 미친다. 예를 들어 당신이 담판 상대를 사무실이나 집으로 불렀다면 그의 입장에서는 '적지'에 와 있는 셈이다. 적지에 들어왔으므로 상대방은 중립적인 장소에서보다 더 조심하고 신중하며 방어적인 태도를 취할 것이다. 상대방이 방어적인 태도를 취하지 않도록 하는 것이 대부분의 담판에서 중요한데, 상대방이 방어적으로 나오면 그의 진짜 관심과 목표를 알아내기 어렵거나 심지어 불가능하기 때문이다.

가장 널리 이용되는 전략이 이른바 '질질 끌기'다. 어느 정도 기간을 두고 담판 약속을 정하라. 기다리는 입장에 처해봤다면 이 기간이 편치 않음을 당신은 잘 알 것이다. 상대방을 기다리게 함으로써 지배와 힘을 과시한다. 상대방의 시간을 맘대로 조종할 수 있다는 인상을 남긴다. 한마디로 한 수 위에 선다. 지배와 힘이 과시된 상황은 같은 눈높이에 섰을 때와는 확실히 다르게 전개된다. 그러므로 상대방을 기다리게 함으로써 벌써 당신은 승리를 향해 첫발을 내딛었다. 그러나 이런 식의 과시가 과연 타당한지 미리 분석해봐야 한다. 만약 담판에서 확실히 유리한 위치에 있다면 그리고 이런 강점을 인상 깊게 남기고 싶다면 이런 전략은 타당하다. 상호 간의 대립을 미연에 방지하고 지루한 담판과 그 뒤로 이어질 과정들을 없애고 싶을 때 쓸 만한 전략이다. 그러나 다른 상황에서는 정반대의 결과를 낳을 수도 있다. 그러므로 지배와 힘을 과시하는 이런 전략은 신중하게 써야 한다. 양측이 만약 박빙의 상황이라면 부디 이 전략은 잊길 바란다.

담판 장소를 신중하게 선택하고 앉은 위치에도 주의하라. 상대방의 눈에 잘 띄는 곳, 즉 정면에 마주 앉는 것은 대립을 표현하는 무언의 상징이다. 그러므로 만약 당신의 주장이 월등히 우위에 있지 않다면 마주 앉지 않도록 주의하라. 살짝 비켜 앉거나 원탁에 앉음으로써 상황을 부드럽게 하라. 자리 배치의 세심한 고려로 당신은 상대방에게서 수용적인 태도를 이끌어낼 수 있다. 정면에 마주 앉는다면 결코 얻을 수 없는 소득이다.

그러나 또한 아무 긴장감이 없는 느슨한 분위기가 되지 않도록 신경 써야 한다. 이런 분위기에서는 문제나 명확한 대립 지점이 만족할 만한 해결책을 찾지 못한 채 대충 무마되기 십상이다. 느슨하고 쾌활한 담판은 대부분 식당이나 카페에서 열리기 마련인데, 어차피 이곳에서 중요한 것은 담판보다는 음식의 맛이니 해결책을 못 찾았다고 문제 될 건 없다. 그러나 해결책을 찾고 자신의 주장을 관철하려는 담판이라면 이런 공간은 적합하지 않다.

당신이 장소를 선택할 수 없는 담판도 종종 있다. 예를 들어 상사와 해야 하는 면담일 경우 원칙적으로 담판 장소는 상사의 사무실이다. 그러면 당신 입장에서는 '적지'에서 담판을 벌일 수밖에 없다. 당신도 모르는 사이에 주눅이 들어 주장을 제대로 펼치지 못하는 일이 없도록 조심하라. 마음을 굳게 다지고 당신의 주장에 집중하라.

'적지'에서 열리는 담판이라면 우선 그곳이 '적지'임을 인정하는 것이 중요하다. 일부러 주인 행세를 한다거나 불손한 태도를 보이지 않도록 주의하라. 상사의 책상 앞에 앉았다면 책상 밑으로 다리를 길게 뻗어서는 안 된다. 이것은 상대방의 공간을 침범하는 행위로 권력 과시로 오해 받기 쉽다. 상사는 공격을 당한 기분이 들 테고 당연히 본인도 공격적인 자세를 취할 것이다. 적대감이 들었기 때문에 수용 의지도 사라진다. 이 과정은 대부분 무의식중에 진행되며 대립은 점점 상승하여 당신의 주장이 관철되기는 더욱 힘들어진다.

함정 5: 담판 언어 및 어려운 전문용어

장소와 시간뿐만 아니라 표현 방식도 담판에서 매우 중요하다. 어떤 언어를 쓰느냐가 아니라 사용하는 어휘의 선택과 수준을 말하는 것이다. 같은 언어를 쓰는 사람들끼리도 표현 방식이 달라 서로 이해를 못하는 일이 발생할 수 있다. 흔히 '오해'로 묘사되는 이런 현상은 특히 전문용어를 쓸 때 발생한다. 말하자면 전문용어가 외국어처럼 되어 서로 소통이 안 되는 경우가 생긴다. 이런 동문서답의 상황에서는 결코 해결책이 나올 수 없음을 당신은 잘 알 것이다. 무슨 말을 하는지 이해를 못 하는데 어떻게 주장의 핵심을 들을 수 있겠는가?

서로 다른 언어로 의견을 교환하고 그래서 오해가 생긴다는 것을 알아챘다면, 당신의 언어를 상대방에게 맞추거나 상대방의 언어를 당신에게 맞추도록 하라. 다시 말해 서로 이해할 수 있는 올바른 언어를 찾아라. 그것이 해결책을 찾거나 당신의 주장을 관철하기 위한 첫 단계다. 대부분의 담판에서 많은 사람들이 어려운 전문용어를 즐겨 쓴다. 어려운 전문용어로 질문을 받았더라도 당신의 언어로 대답하라. 잘 알지도 못하면서 일부러 과시하기 위해 어려운 전문용어를 써서는 안 된다. 당신이 자신 있게 표현할 수 있는 수준에서 대응하라. 물론 전문가와 대화를 하거나 전문용어를 사용하지 않으면 대화가 힘들 때는 예외다. 그러나 일반적인 담판은 어려운 전문용어 없이도 충분히 가능하다.

그러나 법정 소송이라면 얘기가 좀 다르다. 법정 소송이라면 최소한의 법적 표현들을 알아두는 것이 권리 주장에 도움이 된다. 당신이 익힌 법적 용어들의 뜻도 알아야 하는 건 당연하다. 일반적으로 사용되는 개념들이 법정 소송에서는 전혀 다른 뜻으로 쓰일 수 있기 때문이다. '원칙적으로' 라는 말이 좋은 예다. 일반적인 대화에서 '원칙적으로' 라고 한다면 '예외 없이' 라는 의미와 연결된다. 즉 항상 어디서나 통용되는 것을 말한다. 그러나 법적인 맥락에서 '원칙적으로' 라고 한다면 어떤 규정이 법에 따라 적용되지만 예외 또한 존재한다는 뜻이 된다. 보다시피 거의 정반대의 뜻으로 쓰인다.

'일반적으로' 란 표현도 이와 비슷하다. 일상 대화에서 '일반적으로' 라는 말은 확연히 많은 사례에서 통용된다는 뜻이고 어떤 상황이 평범하고 정상적으로 진행된다는 뜻이다. 그러나 법적인 맥락에서 '일반적으로' 라고 한다면 비록 규칙이 있긴 하지만 예외가 있을 수 있다는 뜻이며 바로 그 예외에 초점이 맞춰져 있다. 비록 같은 말이지만 정반대의 의미로 해석된다.

그러므로 그럴듯해 보이는 전문용어를 사용하여 잘난 척 과시하려는 유혹에 빠져서는 안 된다. 담판의 최고 계명은 명확성이다. 당신의 주장과 요구사항을 명확히 표현하라. 그래야만 당신의 메시지가 제대로 전달되었다 확신할 수 있다. 이것은 말로 하는 담판뿐만 아니라 서류상의 확인 및 증명에서도 마찬가지다. 여러 의미로 해석이 가능한 모호한 표현을 피하고, 특히

'뽐내는' 언어를 삼가야 한다.

담판의 결과를 문서로 남기거나 중요한 계약을 체결할 때는, 관련 법조인이나 전문가의 도움을 받는 것이 좋다. 그래야 적법하고 적합한 표현으로 문서화할 수 있고 당신이 의도한 의미에 맞게 기록할 수 있다.

함정 6: 수사학적 거품과 침묵 공격

애석한 일이지만 당신은 담판 상황에서 이른바 '거품 수사학자'를 자주 맞닥뜨리게 될 것이다. 이 낱말은 학술적 개념이 아니라 특정 대상을 설명하기 위해 내가 만들어낸 낱말이다. 훌륭한 수사학 강연이나 의사소통 기술 및 토론 기술에 관한 좋은 책들에서 오직 요령에만 관심을 갖고 내용을 명확하고 구체적으로 표현하는 기술에는 무관심한 사람을 일컬어 나는 '거품 수사학자'라고 부른다. 이들은 수사학적 트릭과 요령으로 담판에서 우위를 차지하려 애쓴다. 이때 이들의 말장난에 걸려들지 말고 더욱 구체적이고 명확하게 모든 것을 분석해야 한다. 무엇이 진실이고 무엇이 거짓인지 밝혀내야 한다. 당신이 잘못했으니 책임을 지라고 주장한다면 잘못을 부인하는 동시에 언제 어디서 잘못을 저질렀는지 구체적으로 대보라고 따져야 한다. 목격자가 있는지 혹은 명확한 증거가 있는지 따져 물어야 한다. 이때가 가장 중요한 순간인데, 만약 상대방이 아무 증거도 대지 못한다면 이것을 그냥 묵과해서는 결코 안 된다.

뻔뻔한 뒤집어씌우기 뒤에는 종종 야비한 수사학적 전략이 감춰져 있다. 사실 여부를 떠나 상대방은 그저 당신의 인격에 흠집을 내고 명예를 훼손하려는 것이다. 존중은 명예의 뒤를 따르기 때문에 명예의 훼손은 위험하다. 힘의 공식(뒤에서 자세히 다룰 것이다)으로 볼 때 명예가 훼손되고 존중을 잃으면 승패는 이미 결정된 셈이다. 그러므로 무슨 일이 있어도 상대방의 근거 없는 모략을 그냥 넘어가서는 안 된다. 간접적으로라도 일단 한 발 물러선다면 다시는 원래 자리로 돌아오기 힘들다. 변호사들은 근거 없는 모략에 대부분 '소위'라는 낱말로 대응한다. 상대방이 언급한 내용 앞에 '소위'라는 말을 넣음으로써 의도한 비난의 강도를 무디게 한다. 그냥 '과실'이라고 하는 것보다 '소위 과실'이라고 하면 과실의 진위가 불명확해지고 부정적 느낌도 약화된다. 당신도 노련한 변호사처럼 이런 전략을 이용하면 된다.

진술의 정반대 상황도 위험하다. 진술의 정반대 상황이란 바로 침묵을 뜻한다. 침묵은 대립에서 가장 위험한 무기에 속한다. 또한 효과적인 압박 수단이기도 하다. 침묵의 효과를 확인하는 건 쉽다. 상대방에게 중요한 질문을 하라. 너무 사소한 질문은 자칫 무시되어 상대방이 침묵할 위험이 있으므로 중요한 질문을 하고 반드시 대답을 들어야 한다. 이제 상대방의 대답에 아무 반응도 보이지 말고 침묵하되 상대방을 뚫어지게 보라. 틀림없이 상대방은 이 침묵을 견디지 못하고 계속 뭔가를 말할 것이다. 당신의 침묵을 미리 예상하지 못했기 때문에 그는 당황하여 이것저것 횡설수설하게 된다. 만약 그가 거짓말을 했다면 이제 자신의 거짓을 감추기가 더욱 어려워진다. 그의 진술에는 상세한 내용이 없을 테고 같은 얘기를 자꾸 반복하거나 앞뒤가 서로 맞지 않을 것이다. 이것은 당신이 반격할 차례라는 신호다. 즉 하나하나 따져 물어라! 구체적인 내용들을 조목조목 따져라. 상대방의 진술들을 하나씩 거론하며 지금 설명한 내용과 모순되는 지점을 지적하라.

반대로 당신이 '침묵 공격'을 당하는 경우도 있을 텐데, 이때는 침묵을 견딜 만큼 강해지는 방법밖에는 없다. 당신의 힘을 믿고 상대방보다 더 오래 침묵을 견뎌라. 당신의 고유한 힘이 침묵을 견디게 해줄 것이다. 당신을 믿어라. 만에 하나 더는 침묵을 견딜 수가 없다면 먼저 적극적으로 분위기를 바꿔라. 창문을 열어도 좋고 커피를 따라도 좋다. 커피를 따르면서 상대방에게도 마시겠냐고 묻는다면 더욱 좋으리라. 만약 이것도 효과가 없고 침묵이 2분 이상 계속된다면 상대방에게 어떻게 할 작정이냐고 직접 물어라. 어쨌든 한 사람만 얘기해서는 대화가 힘드니 말이다. 이때 최대한 유머감각을 살려서 물어라. 유머는 분위기 전환 효과를 높이고 상대방의 트릭은 실패로 끝난다.

이처럼 개인의 고유한 힘은 매우 중요하다. 사실 침묵은 주장이 아니라 공격일 뿐이다. 이런 공격을 당신의 힘으로 가장 멋지고 효과적으로 방어하는 것이다.

함정 7: 문을 열기도 전에 박차고 들이기다

담판을 시작하자마자 습격하듯 자신의 주장을 바로 내세우는 실수를 많은 사람들이 저지른다. 담판 상대가 자리에 앉자마자 생각할 틈도 없이 자신의 요구사항과 그 정당성에 대한 간단한 근거까지 제시한다. 이런 식의 출발은 불운으로 끝나기 마련인데, 아직 본격적인 담판이 시작되지 않았기 때문에 그런 식의 '습격'은 허공을 맴돌고 거부반응만 일으키기 때문이다. 그러므로 중요한 담판일수록 여유를 가지고 천천히 진행하라. 정중하게 안부를 묻고 간단히 날씨를 언급해도 좋으리라. 이런 시작은 분위기를 부드럽게 할 뿐 아니라 당신의 말에 귀를 기울이게 하는 효과도 낸다. 이것만큼 담판에서 유리한 조건이 또 있을까?

함정 8: 암기한 대로 진술하기

진술 내용을 아주 철저하게 준비해 온 경우를 흔히 보게 된다. 전체 진술 내용뿐 아니라 표현 방식까지 정확히 암기해서 준비했다. 그러나 이런 사람은 기본 틀에서 약간만 벗어나도 몹시 당황한다. 그러므로 주장이나 진술 내용을 단순히 암기하지 말고 자기 언어로 융통성 있게 표현할 수 있도록 준비하라. 그러면 주장의 진실성을 높일 뿐 아니라 자신감이 넘쳐 보이기 때문에 상대방에게 강한 인상을 준다. 암기한 주장과 정제된 문장들은 어쩌면 모노톤으로 들릴 수 있고 다른 사람이 쓴 글을 그냥 읽고 있다는 인상을 줄 수도 있다. 다른 사람이 써준 주장을 단지 암송하는 사람에게 굴복할 사람은 없다. 오히려 주장을 무시하고 맞서 싸울 것이다.

예를 하나 들어보자. 금융사 직원이 당신을 찾아와 당연히 당신에게 안성맞춤인 상품을 소개한다. 직원은 가능한 모든 장점과 이익을 소개하며 '가장 좋은 가격'에 상품을 팔기 위해 애쓴다. 이런 사람들은 대개가 고객과의 대화법을 무수히 연습한 사람들로 거의 암기 수준으로 긴 약관들을 장황하게 설명한다. 당신은 분명 이런 경험을 한 번쯤 해보았을 것이다. "고객님께는 이 상품이 최선입니다." "그러니까 원하시는 것이……." 이런 식의 상투적인 말들은 종종 암송의 전형인 모노톤으로 진술된다. 당연히 이런 식으로 시작된 진술이라면 뒤에 따르는 주장도 신뢰를 잃는다. 그러므로 쭉정이 어휘들에 휩싸이지 않도록 주의하라.

함정 9: 건성으로 듣기

제대로 경청하지 않아 서로 오해가 생기는 일이 아주 빈번하다. 주의집중이 부족한 원인은 다양하다. 그중 가장 흔한 경우가 바로 간단하게 설명이 가능한 상황을 장황하게 설명할 때다. 간단한 상황이 너무 길게 설명되기 시작하면 상대방은 앞에 몇 문장만 들은 후 딴생각에 빠지거나 자기주장을 숙고하기 시작한다. 어쩌면 진짜 중요한 요점과 상세한 주장이 마지막에 등장할 수도 있다. 그러나 상대방의 귀는 이미 닫혔다. 그래서 문제의 해결은 더욱 어려워진다. 한께 주장은 전달되지 않았고 그래서 이해도 되지 않은 상태에서 상대방은 앞부분의 주장을 토대로 반격을 시작한다.

이런 오류를 범하지 않도록 상대방의 설명이 아무리 장황하더라도 끝까지 경청하라. 너무 길고 모호하기까지 하다면 이렇게 물어도 좋으리라. "그러니까 이런저런 뜻으로 말씀하시는 거죠? 제가 정확히 이해한 겁니까?" 이렇게 물음으로써 당신은 상황을 파악하고 있고 설명을 잘 조직해서 듣고 있다는 신호를 보낸다. 만약 당신이 말하는 입장이라면 짧고 간결하게 말하고 상대방과 눈을 맞춤으로써 주의를 집중시켜라.

불필요한 오해는 해결책을 도출하는 데도 도움이 안 되고 당신의 정당성도 관철시키지 못한다. 당신의 주장을 이해하지 못한 상대방은 당신을 더욱 압박하려 들 테고 양보나 수용의 의지도 없다. 그러므로 정당성을 관철하는 일은 더욱 어려워진다.

함정 10: 즉각적인 대답

성급한 대답일수록 실수의 위험은 크다. 이런 함정을 피하는 전문가는 역시 변호사다. 게다가 변호사가 정치가이기도 하다면 그는 이 분야의 진정한 달인이다. 어떤 질문에 합리적인 대답을 할 때까지 정치가만큼 오래도록 '뜸을 들이는' 사람들이 또 있을까? 정치토론에 참가한 정치가들을 보자. 확실하게 인정하는 일도 없고 "예, 아니오"로 답하는 경우도 없다. 대답하기에 앞서 명확한 내용도 없는 긴 설명을 늘어놓는다. 그렇게 함으로써 공연히 침묵할 필요 없이 숙고할 시간을 확보한다. 질문을 받은 후 오랫동안 말없이 있으면 무능력하게 보일 테고 소중한 표심을 잃을 수도 있지 않겠는가?

설령 당신이 별것 아닌 내용을 길게 설명하는 그런 유형이 아니더라도, 중요한 진술을 숙고할 시간을 벌기 위해서는 이런 상황에 들어가야 한다. 과연 어떻게 해야 할까? 대립적인 담판이라면 양측은 계속해서 상대방의 주장을 약화시키기 위해 애쓴다. 그래서 무의미한 공격이 오고가고 대립은 더욱 악화된다. 진짜 관심은 옆으로 밀쳐지고 오로지 우위를 점유하는 일만 중요해진다. 이런 격렬한 담판에 비판적 시선을 보내고 반대 전략을 세워보자.

격렬한 담판 상황을 상상해보라. 당신은 적의 주장을 강력하게 반대하고 적에 대한 공격을 심화한다. 상대방을 적이라고 표현한 데서 당신은 이미 상황이 얼마나 격하고 전쟁을 방불케 하는지 짐작할 수 있으리라. 당신의 감정이 어떻게 반응하는지 보라. 우리 인간은 비록 현대를 살지만 생물학적이 감정과 태도는 석기시대에 닿아 있기 때문에 저절로 방어태세를 갖춘다. 경계를 늦추지 않으면서 전투와 방어를 동시에 준비한다. 다음 사례를 보면서 당신의 감정이 어떻게 반응하는지 살피고, 어떻게 반응해야 할지 통찰하기 바란다.

당신은 확실히 요점을 명확하게 설명했다. 또한 당신의 주장은 확실히 옳다. 그런데도 상대방은 생각도 해보지 않고 즉각적으로 부정한다. "그렇지 않습니다." 당신의 예상을 무조건 부인한다. 심지어 당신이 거짓말을 한다고 비난하는 것처럼 들리기도 한다. 상대방은 합리적인 반대 주장을 펼치는 대신 당신을 거짓말쟁이로 몰아세운다. 대부분의 사람들은 이런 상황에서 상대방에 대한 압박을 높인다. 어쨌든 자신이 거짓말쟁이가 아님을 명확히 해야 하니 말이다. 이때 감정은 걷잡을 수 없이 끓어오르고 진짜 주제는 완전히 뒤로 밀쳐진다. 그러면 합리적인 해결책은 기대하기 어렵다.

그러므로 당신이 이런 상황에 처했다면, 담판을 중단하고 다음에 다시 재개하는 게 어떨지 아니면 다른 방식으로 주장을 해야 할지 숙고해야 한다. 감정이 폭발하는 시나리오를 버리고 당신의 진짜 목표에만 집중하라. 감정이 폭발할 수밖에 없다면 차라리 생각할 시간을 청하거나 감정을 식히기 위한 휴식시간을 갖는 편이 훨씬 낫다. 잠시 심호흡할 시간을 가짐으로써 양측 모두 진짜 목표와 주장에 다시 의미를 둘 수 있다면 생각할 시간을 청하는 일은 결코 창피한 일이 아니다.

13

할리우드 액션
_뻔뻔한 속임수에 한방 먹이는 법

목표를 명확히 했고 담판에서 빠지기 쉬운 함정도 알았으니 이제 자신의 관심과 욕구를 주장하는 다양한 대화법을 배울 차례다. 대화법을 배우려면 먼저 어떤 대화 유형들이 있는지 알아야 한다.

대화 유형에 맞는 적합한 전략을 세우는 것이 성공의 열쇠다. 어떤 유형의 대화이고 대화자의 관심은 무엇인지 아는 것이 중요하다. 아무리 좋은 전략이라도 대하 유형과 맞지 않는다면 아무 소용이 없기 때문이다. 그러므로 올바른 전략을 사용하려면 먼저 대화 유형의 특징과 대화자의 역할에 대해 알아야 한다.

기본적인 유형 구별

의사소통의 핵심은 대화다. 의견 표현하기, 문제 상황 처리하기, 자신이 이익 보호하기 등 대화의 목적은 다양하다. 먼저 어떤 대화인지 알아야 한다. 더 정확히 말하면 대화 상대자를 알아야 한다.

대화 상대자는 담판이 앞으로 어떻게 전개되느냐에 결정적인 역할을 한다. 당신의 관심과 욕구를 다루는 담판이 상대방의 진술에 좌우된다. 상대방의 속임수에 넘어가 당신의 목표를 망각하고 잘못된 반응을 함으로써 당신 자신뿐 아니라 제3자에게까지 불이익을 줄 수도 있다.

법정 소송이 좋은 예다. 당연히 자신의 이익을 위해 증인을 세운다. 그러나 증인이 항상 진실만을 진술하는 건 아니다. 불행한 일이지만 증인의 거짓 진술 때문에 당신은 억울한 판결을 받을 수 있다. 실제로도 거짓 증언이 매우 빈번하게 발생한다. 굳이 법정까지 갈 필요도 없다. 거짓말이나 모략 때문에 피해를 입는 일은 어차피 일상에서도 흔히 벌어지니 말이다. 이런 상황에서 가장 중요한 것은 당연히 진실을 밝히는 일이다. 그러기 위해서는 대화 유형을 파악하고 그에 맞는 전략을 세워야 한다. 유형에 맞지 않는 전략은 무용지물이 될 위험이 크기 때문이다.

그러므로 대화의 유형 구별이 첫 단계다. 대화 유형은 크게 훈계 대화, 대립 대화 그리고 방어적 대화로 구별된다. 이 세 대화 유형을 먼저 비교 분석하고 상대방을 평가함으로써 대화 유형과 상대방을 고려한 맞춤 전략을 세울 수 있다. '대화'란 일반적으로 두 사람이 편안하고 즐겁게 의견을 나누는 것이다. 그러나 이 책이 다루는 대화는 갈등과 대립이 중심에 있는, '담판'이라는 아주 특별한 대화다.

훈계 대화

훈계 대화에서는 한 사람이 다른 사람보다 높은 지식을 가졌다. 이때 지식이란 일반 상식이나 교육수준이 아니라 담판 대상이나 논쟁 주제에 관한 특정 지식을 말한다. 이런 대화에서는 주로 이익을 보호하고 유리한 고지를 차지하기 위한 수단으로 전문지식이 선택된다. 예를 들어 공구상점의 판매원이 공구 사용법을 잘 모르는 고객으로부터 물건에 대한 항의를 받았다고 가정해보자.

사례를 설명하기 전에 밝혀두건대, 드라이버 상표의 약어들은 내가 지어낸 것들이다. 실제 상표를 잘못 사용했다가는 법적 소송에 휘말리기 십상이니 말이다. 현대는 이른바 다툼 문화가 아니던가!

사례로 돌아가면, 공구에 관한 전문지식이 없는 한 고객이 공구상점에서 드라이버와 DIY 재료를 구입했다. 집에 와서 드라이버를 쓰려고 하는데 작동이 제대로 되지 않았고 게다가 DIY 재료와 맞지도 않았다. 그래서 그는 판매원이나 고객센터에 이 문제를 항의하기 위해 상점으로 다시 갔다. 그의 목표는 물건을 환불하고 돈을 되돌려 받는 것이었다. 그러나 만약 문제를 해결할 수 있는 다른 드라이버가 상점에 있다면 그것과 교체할 의향도 있었다.

이런 목표를 갖고 고객센터로 갔다. 고객의 기술 관련 전문지식이 부족하다는 것을 감지한 직원은 온갖 전문용어와 약어들을 쏟아내기 시작했다. DX17 나무에 사용하는 SX18 드라이버가 이러쿵저러쿵, SX 시리즈에서는 AX와 ZF 조합이 Y17233 드라이버와 정확히 잘 맞는지 주의하는 것이 기본이네 어쩌네……. 이렇게 한참을 쏟아놓은 후 그 모든 것을 확인했냐고 물었다.

당신은 고객 입장으로 이 상황에 직면했다. 당신은 약어도 모르고 뒤에 설명한 작동원리도 모른다. 그러므로 직원의 말이 맞는지 틀리는지 판단할 수가 없다. 논쟁 주제에 관한 지식이 부족한 상황이라 어떻게 관심과 욕구를 주장해야 할지 모른다.

이런 상황이 훈계 대화다. 상대방은 높은 전문지식을 내세워 자신의 이익을 당신의 이익 위에 세우려고 한다. 대화 유형을 파악했으니 그에 맞는 전략을 세우면 된다. 유형에 맞는 전략에 대해서는 뒤에 이어질 대화 유형별 질문 기술을 다루고 있는 '책임자를 불러주세요' 절에서 설명할 것이다.

대립 대화

대립 대화에서는 훈계 대화와 달리 상반된 의견이 교환된다. 상대방의 주장에 대한 공격과 반격이 있다. 양측의 관심이 충돌하고 서로 방어막을 친다. 일종의 박빙 상황으로 양측 모두 자신의 정당성을 주장하고 양보와 타협의 여지는 전혀 보이지 않는다.

다시 공구상점으로 가보자. 이번에는 집수리를 위해 전기드릴을 구입했다. 그러나 집에 와서 보니 고장 난 물건이었다. 상점으로 다시 가서 교환을 요청했다. 판매원은 찬찬히 물건을 살피더니 영수증이 없으면 교환이 안 되고 설령 영수증이 있더라도 포장을 뜯었기 때문에 당장 교환하기는 어렵다고 주장했다. 그 대신 고객편의를 위해 물건을 생산자에게 보내어 수리를 시키거나 새 물건으로 교환해줄 테니 3~4주를 기다리라고 했다.

다행히 우리의 고객은 책이나 인터넷을 통해 자신의 권리에 대해 이미 알고 있었다. 그는 상점과 계약을 했으므로 수리나 교환을 상점에 요청하는 것이 마땅했다. 생산자와는 아무 계약도 맺지 않았으니 그와는 아무 상관이 없었다. 이 문제의 책임은 상점이 져야 했다. 물건이 고장이므로 상점은 다른 물건으로 바꿔주든지 아니면 환불해주어야 한다. 그러나 우리의 고객이 마주한 판매원은 상점이 정한 운영지침만을 내세웠다. 상점의 운영지침에 의하면 교환이나 환불은 불가능했고 문제가 있을 때는 생산자의 책임이었다. 그러나 우리의 고객 역시 자기주장을 굽힐 생각이 전혀 없었다. 결국 양측은 팽팽히 맞선다. 판매원은 운영지침을 근거로 자신의 정당성을 주장하고 고객은 실정법을 근거로 한다. 양측의 충돌 지점은 판사의 명쾌한 판결이 필요한데 현재 그 자리에 판사가 없으니 해결책을 찾기는 어려워 보인다.

이런 대립 대화에서의 충돌을 어떻게 해결할 수 있을까? 이에 대한 답 역시 '책임자를 불러주세요' 절에서 듣게 될 것이다.

방어적 대화

세 번째 대화 유형은 방어적 대화다. 상대방이 거짓으로 뒤집어씌운 것이든 실제 비난받아 마땅하든 여하튼 한 사람이 비난을 받는 처지에 있다. 이때 올바르게 반응하기 위해서는 무엇보다 진실과 거짓을 판별할 수 있어야 한다.

아마 한 번쯤은 모략에 의한 비난을 받아본 적이 있으리라. 이때 당신은 상대방이 거짓말을 한다는 걸 안다. 그래서 진실을 밝히기 위해 상대방을 다그친다. 그러면 상대방은 자신의 주장(혹은 거짓말)이 진실임을 증명하기 위해 애쓴다. 두 입장은 서로 충돌한다. 추궁을 당하는 쪽은 방어 태도를 취하고 결론이 나지 않은 채 대화는 엉뚱한 곳으로 흐른다. 당신은 거짓을 자백시키지도 못했고 모략에 의한 비난도 확실히 부정하지 못했다.

이렇듯 실패한 방어적 대화는 아무 결론도 내지 못한다. 방어적 대화는 비난과 방어 태도가 맞물려 있다. 이런 특별한 조합을 알고 그에 맞게 전략을 세워야 한다. 사실 이때 필요한 전략은 거의 심문전략에 가깝다. 자세한 내용은 '책임자를 불러주세요' 절에서 설명하겠다.

전투, 도망, 자극

관심과 주장의 관철은 어떤 유형의 대화를 진행하느냐에 달렸다. 다툼 문화가 경기장이라면 대화 유형은 경기장의 상태라 할 수 있겠다. 그러므로 신중하게 대화 유형을 고르고 철저하게 준비해야 한다.

이제 대화 자체로 관심을 돌려보자. 대화의 밑바탕에 깔린 메커니즘을 이해한다면 그것을 자신의 목표에 이롭게 이용할 수 있다. 또한 대화 유형의 활용 역시 더 효과적으로 할 수 있다.

옛날부터 전해 내려온 동양의 격언이 올바른 전략을 잘 말해준다. 공자가 말하기를, "약한 적을 만났다면 싸워라. 강한 적을 만났다면 도망쳐라. 그리고 막상막하인 적을 만났다면 자극하라." 정말 이 말을 공자가 했느냐와 상관없이, 그 무한한 진실성은 의심의 여지가 없다. 공자의 간단한 분류는 올바른 전략을 세우는 데에 좋은 기반을 제공한다. 올바른 전략을 세우기 위해 당신이 할 일은 상대방의 힘을 가늠하는 것이다. 이때 준비 단계에서 살폈던 상대방의 관심과 욕구를 살펴 상대방에게 실제로 중요한 것이 무엇인지 확인하라. 그러면 이제 남은 것은 상대방의 힘과 당신의 힘을 비교하는 일뿐이다. 힘의 관계를 알았다면 그에 맞는 전략을 세우면 된다. 당신이 더 강하면 그냥 담판에 임하면 된다. 당신이 더 약하면 힘겨루기를 피하고 당신의 고유한 힘과 기술을 이용하여 가능한 좋은 위치를 확보하려 노력하라. 무슨 일이 있어도 정면 대결은 피하라.

극단을 피하라

그러나 당신과 상대방의 힘이 막상막하라면 자극을 해도 좋으리라. 그러나 자극에도 어느 정도 선을 지켜야 한다. 아무리 매력적으로 보일지라도 얄팍한 속임수나 과도한 자극으로 승리를 꾀하는 것은 오히려 당신을 위험에 처하게 할 수 있다. 여러 논쟁 전문가들이 정중하면서도 강력한 한방을 선전하지만 사실 이런 조언 뒤에는 사악한 속임수가 들어 있다. 자신의 이익을 위해서는 양심도 버리고 무자비해지라고 충고한다. 그러나 내가 보기에 이런 충고는 매우 위험하고 효과도 그리 좋지 않은 듯하다. 잘 생각해보라. 대립 후에도 삶은 계속된다. 그리고 당신의 적이었던 사람들은 그 후에도 당신과 같은 세상에 산다. 게다가 억울함이 남았거나 더러운 속임수에 당했다는 기분이 든다면 그것을 되갚아주고픈 인간적인 욕구가 생길 테다. 너무 가혹하게 공격하거나 더러운 속임수를 쓸 경우 자칫 비양심적이고 비인간적인 사람으로 낙인찍힐 수 있다. 그리고 인터넷 바람을 타고 소문은 산불처럼 번질 것이다. 일단 평판이 이렇게 나빠지고 나면 어떤 담판이든 당신은 불리할 수밖에 없다. 설령 여러 책에서 소개하고 추천한 트릭일지라도 당한 입장인 패배자는 그 트릭을 더러운 속임수로 느끼는 경우가 많다.

축구에서 그에 관한 좋은 사례를 볼 수 있다. 할리우드 액션을 생각해보라. 즉 상대 선수가 파울을 한 것처럼 연기를 하는 장면 말이다. 뛰어난 연기에 심판도 속아 상대 선수에게 경고를 주고 속임수를 쓴 팀에게 프리킥을 준다. 속임수를 쓰는 쪽이 대단한 이익을 얻고 반대로 속임수를 당하는 쪽이 대단한 불이익을 당하는 상황에서 주로 할리우드 액션이 나타난다. 속임수를 당한 팀이 경기에서 졌다면 그들이 상대팀의 승리를 어떻게 묘사할지 쉽게 상상할 수 있다(혹은 중계방송에서 볼 수 있다). 그리고 승리한 팀을 비난하는 여론이 형성된다. 사람들은 공명정대한 경기를 희망한다. 그리고 속임수로 승리한 팀은 비난받아 마땅하다 여긴다. 당신이 더러운 속임수로 담판에서 승리한다면 당신에게도 똑같은 일이 벌어질 테고 승리의 기쁨은 오래가지 못할 것이다.

그러므로 나는 '한방에 때려눕히는' 이른바 확실한 방법을 포기하라고 조언한다. 더러운 속임수 쪽은 아예 쳐다보지도 마라. 상대방을 자극하되 오로지 당신의 고유한 힘만 이용하라. 당신이 얼마나 강한지 보여라. 그러면 상대방은 스스로 위험을 느끼고 물러설 것이다. 당신의 고유한 힘으로 승리자가 된다면 비난을 받을 위험도 없다. 비난은커녕 오히려 존경을 받을 것이다. 당신은 성의를 실현했다!

변호사들 역시 더러운 속임수로는 단지 한순간의 성공을 거둘 뿐이다. 그들이 설령 몇몇 고객을 승리로 이끌고 그것으로 은행 계좌를 살찌울지는 몰라도 법정과 동료 사이의 평판은 형편없으리라. 몇몇 성공은 다음 의뢰인을 유치하는 데에 이용된다. 어차피 의뢰인들은 그들의 평판을 속속들이 알지 못하니 말이다. 그러나 시간이 어느 정도 흐르고 나면 일반 의뢰인들도 그들의 '성공'이 얄팍한 속임수에 의한 것임을 알아챈다. 소문은 순식간에 퍼지고 그들을 찾는 의뢰인 수는 급격히 줄 것이다.

14
'예', '아니오'로만 대답하시오
_원하는 대답을 이끌어내는 질문의 기술

대화 유형을 알았으니 이제 올바른 질문 기술에 대해 배워보자.

올바른 질문 기술은 특히 대립 대화에서 결정적인 도움을 줄 것이다. 질문은 기본적으로 질문을 받은 사람에게 대답이나 어떤 반응을 강요한다. 질문을 받았다면 대답을 해야 한다. 대답하고 싶지 않을 때라도 어떤 식으로든 반응해야 한다. 질문을 하면 어쨌든 반응이 있게 마련이다. 지휘봉을 들고 대화의 방향을 지시하는 사람이 바로 질문자다. 그러니 이런 유리한 입장을 선점하고 활용하라!

올바른 질문 기술을 통해 대화를 지휘하는 장점 이외에 또한 정보도 얻을 수 있다. 이해하기 어려운 진술이 있다면 서슴지 말고 물어라. 무지하거나 열등해 보일까 두려워 마라. 오히려 질문을 함으로써 당신이 관심을 갖고 주의하여 듣고 있음을 드러낸다. 이것은 대립 대화에서 아주 중요하 ㅂ수다. 또한 실문은 힘의 상징이다! 질문을 하여 구체적인 설명을 듣는 사람들은 주로 힘 있는 판사, 경찰, 상사가 아니던가! 그러니 질문함으로써 스스로를 힘 있는 위치에 세워라. 질문은 강함의 표시며 정보제공의 요청이다.

닫힌 질문

질문에는 열린 질문과 닫힌 질문이 있다. 닫힌 질문에는 "예" 혹은 "아니오"로만 답할 수 있다. 예, 아니오 이외의 대답은 사실 군더더기에 불과하다. 단순한 사실을 확인할 때 이런 질문이 적합하다. 예를 들어 현장에 있었는지를 확인할 때 "X월 Y일 Z시각에 사무실에 있었습니까?"라고 묻는다. 대답은 "예" 아니면 "아니오"다. 상대방을 질책할 때도 닫힌 질문을 이용한다.

또한 상대방의 항복을 이끌 때도 이런 질문이 적합하다. 당신의 주장이 너무나 타당하여 상대방은 당신의 주장을 인정하고 자신의 관심을 포기할 수밖에 없는 상황이라면 이 질문 기술을 이용해야 한다. 그러나 상황이 정말 그러한지 정확히 점검해야 한다. 상황이 아직 무르익지 않았는데 성급하게 닫힌 질문을 한다면 대화는 갑자기 끝나버릴 수 있다. 대립의 해결이나 결론은 나지 않고 상대방은 잠시 물러나 남은 힘을 추스르고 다시 싸울 준비를 한다.

열린 질문

열린 질문은 기본적으로 복잡한 대답을 이끈다. 그 대답에서 당신은 여러 정보를 얻을 수 있다. 열린 질문은 육하원칙에 따라 '누가, 언제, 어디서, 무엇을, 왜, 어떻게' 했는지 묻는다. 그래서 대답의 폭도 아주 넓다. 특정 주제에 관해 가능한 많은 정보를 얻고자 할 때 이런 질문이 적합하다. 또한 대화를 시작하기 위한 도입 질문으로도 적합하다. 대답 중에서 당신의 관심과 연결된 부분을 찾아 대화의 출발로 삼는 것이다.

실용과 전략적 투입 면에서 열린 질문과 아주 근접해 있기 때문에 나를 포함한 여러 변호사들이 열린 질문의 범주에 포함시키는 여러 질문들이 있다. 우선 양자택일 및 선택형 질문을 보자. '어느 쪽' 같은 의문사로 표시되는 이 질문은 대답 가능성에 한계를 둔다. 질문에 이미 대답이 들어 있다. 그러나 양자택일보다 더 넓은 선택의 여지를 둘 수도 있다. 예를 들어 "어느 당 소속입니까?"라는 질문을 보자. 당의 개수는 한정되었지만 둘 중 하나를 선택하는 것이 아니고 또한 어느 당에도 소속되지 않은 경우도 있을 수 있다. 그러나 만약 당신이 상대방의 정치 성향을 잘 알고 있다면 "어느 당 소속입니까, A당입니까, B당입니까?"라고 물음으로써 대답의 한계를 좁힐 수 있다. 양자택일 및 선택형 질문은 대화를 특정 방향으로 조종하고 이끌 때 아주 적합하다.

이른바 '부정형 질문'이 있다. 질문을 받은 사람이 부정할 것을 예상하고 묻는 질문이다. 예를 들어 "당신은 범죄자죠, 그렇죠?"라고 묻는 것이다. 대답하는 사람은 거의 자동반사로 자신이 범죄자임을 부정한다. 이런 질문은 양자택일 및 선택형 질문과 마찬가지로 대화를 주도하고 능동적으로 참여하는 데에 적합하다. 그러나 질문에 포함된 자극적인 어휘(범죄자) 때문에 대화 분위기를 망칠 수도 있으므로 신중하게 사용해야 한다. 자극의 강도만 잘 조절한다면 유용한 질문이다.

"지금 무슨 생각이 듭니까?"처럼 질문을 받은 사람이 단답형으로 간단히 대답하게 되는 '단답형 질문'이 있다. 그러나 이런 질문은 윗사람이거나 공적 위치에 있는 사람이 해야 한다. 담판 참여자가 이런 질문을 했다가는 대답을 듣기는커녕 상대방의 기분만 상하게 한다. 자신을 상대방보다 높이는 인상을 주기 때문에 거만해 보일 수도 있다. 그러니 마찬가지로 강도를 잘 조절하여 사용하라!

앞에서 언급한 질문들 이외에, 긍정으로 답하는 것이 당연한 것처럼 묻는 이른바 '당연한 질문'이 있다. 예를 들어 "당연히 경찰에 신고를 했겠죠?" 같은 질문은 일종의 전략적 질문이다. 질문하는 사람은 그런 태도가 정상이고 그래서 당연히 기대할 만하다고 설명함으로써 상대방의 태도가 비정상임을 드러낸다. 기대되는 태도 방식과 다르게 행동한 상대방은 보편적이지 않은 행동에 대해 뭔가 해명을 해야 한다는 압박을 받는다. 변명을 해야 하는 위급한 상황에 처한다. 질문을 받은 사람은 자신의 행동을 해명하려고 애쓸 것이고 그러기 위해 더욱 상세히 설명해야 한다. 이것은 질문한 사람에게 아주 좋은 기회다. 질문을 받은 사람이 만약 거짓말을 했다면, 해명의 노력이 오히려 거짓말을 드러내는 결과를 낳을 수 있기 때문이다. 지어낸 이야기는 설명이 길어지면 위험하다. 앞뒤가 맞지 않는 이야기가 되기 십상이다. 한마디로 '횡설수설' 하게 된다. 이런 질문은 상대방이 거짓말을 하는 것 같은데 확실한 증거를 아직 찾지 못했을 때 특히 적합하다.

노련한 질문자라면 이른바 '넘겨짚는 질문'을 이용하기도 한다. 뭔가를 기정사실로 인정하고 그것을 확인하는 질문을 한다. 진위가 아직 명확히 밝혀지지 않은 내용을 기정사실처럼 언급한다. 어찌 보면 이 질문은 공갈을 담고 있다! 예를 들어 상대방이 어떤 호텔에 있었다는 의심이 든다. 그리고 상대방의 소지품에서 호텔 바로 옆에 있는 주유소의 영수증을 발견했다. 하지만 상대방이 호텔에 있었다는 증거는 여전히 없다. 그래서 당신은 넘겨짚는 질문을 한다. "그러니까 주유를 마친 다음 호텔로 갔군요. 몇 호실에 묵었습니까?" 사실 이런 질문은 유도심문이라는 이유로 법정에서 쓸 수 없게 되어 있다. 그러니 일반 담판에서도 조심해서 이용하라.

그러나 '질책 질문'은 다르다. 어떤 상황을 바탕으로 한다는 점에서 넘겨짚는 질문과 유사하지만 질책 질문은 그 상황을 증명할 수 있다. 위의 예에서 본다면, 질책 질문 역시 "그러니까 주유를 마친 다음 호텔로 갔나요, 몇 호실에 묵었습니까?"라 똑같지만 대신 당신은 상대방이 호텔에 있었다는 것을 알고 물론 증명도 가능하다.

질문 유형 총정리

① 사실 확인 혹은 항복을 목표로 한다. → 닫힌 질문
② 선입견 없이 내용을 확실히 하고 싶다. → 열린 질문
③ 대화를 어떤 방향으로 이끌고 싶다. → 선택형 질문
④ 알고 있는 내용으로 맞서고자 한다. → 질책 질문
⑤ 이상함을 강조하고자 한다. → 당연한 질문
⑥ 이미 언급된 내용을 재구성하고자 한다. → 단답형 질문
⑦ 상대를 자극하고자 한다. → 부정형 질문

질문 기술의 활용

언제 어떤 질문을 하는 것이 가장 좋은가? 이것은 이 지점에서 가장 중요한 질문이다.

단답형 질문, 당연한 질문, 넘겨짚는 질문 및 질책 질문은 경우에 따라서는 상황을 파악하는 데에 기본적으로 맞지 않을 수 있다. 이런 질문이 영향을 미칠 수 있기 때문이다. 한편 반복적인 닫힌 질문은 단순히 앞에서 언급한 내용을 반복하는 것에 불과할 수도 있기 때문에 상황 파악에는 완전히 부적합하다. 또한 담판이 지루하게 길어지고 목표를 향한 집중력을 잃을 위험도

있다. 그러나 어떤 것을 확인해야 한다면 닫힌 질문을 하는 것이 좋다. 그리고 가능한 많은 정보가 필요하다면 열린 질문이 좋다. 당신은 이 모든 다양한 질문 기술들을 연습하고 또 해야 한다. 연습이 완벽을 낳는다!

15
책임자를 불러주세요
_나에게 유리한 환경을 만드는 대화의 기술

앞에서 설명했던 세 가지 대화 유형을 아직 기억하는가? 당연히 기억하리라. 훈계 대화, 대립 대화, 방어적 대화. 이제부터 본격적으로 세 가지 대화 유형에 따른 적합한 전략과 질문 및 대화 기술을 알아보자.

방어적 대화

대화자 중 한 사람이 비난을 받는 입장이라면 그는 틀림없이 거기서 벗어나기 위해 애쓸 터이다. 만약 비난을 하는 사람이 당신이라면, 상대방이 거짓이나 핑계를 대서라도 상황을 종결하려 애쓴다는 것을 기본적으로 감안해야 한다. 이제 당신은 비난을 멈추고 상대방의 도주로를 차단해야 한다. 이런 종류의 대화에 잘 대처하려면 가장 많은 훈련이 필요하다. 영화를 보면 영리한 형사가 범인에게 노련한 질문을 던져 범행을 자백하게 하는 장면이 종종 나온다. 하지만 아쉽게도 현실에서는 그런 경우가 매우 드물다. 몇몇 유용한 질문으로 자백을 받기란 거의 불가능하다. 자백을 받으려면 철저한 계획이 필요하다. 그러므로 당신은 상대방이 끝까지 변명하고 자신의 무죄를 주장하리라는 걸 감안하고 그에 맞춰 준비해야 한다. 그는 아예 대답을 거부할 수도 있고 영리한 사람이라면 허점을 드러내지 않기 위해 가능한 짧게 대답할 것이다. 그러므로 당신은 상대방이 말을 하도록 해야 한다. 당연히 열린 질문이 가장 적합하다. 열린 질문을 받았다면 대답하는 사람은 어쨌든 많이 이야기를 해야 한다. 사례를 통해 자세히 알아보자.

상대방이 특정 시간에 어디에 있었는지 알고 싶은 당신은 이렇게 묻는다. "어디 있었습니까?" 그런데 여기에 덧붙여 "기차역에 있었습니까?"라고 묻는다면, 한순간에 열린 질문은 닫힌 질문으로 바뀐다. 그러면 상대방은 어디에 있었는지 설명하는 대신 간단히 "예"나 "아니오"로만 답하게 된다. 상대방의 입을 열고 많은 정보를 얻을 수 있었던 질문이 한순간에 수포로 돌아갔다. 그러므로 닫힌 질문을 피하라. 닫힌 질문은 당신이 확실히 알고 있는 사실을 질문하여 상대방이 정직하게 답하는지 확인할 때나 적합하다. 솔직히 말해, 사실을 이미 확실히 알고 있다면 굳이 물을 필요도 없다. 그래서 닫힌 질문이나 선택형 질문은 대부분 침묵하는 상대방의 입을 여는 수단으로 이용된다.

일반적인 경우라면 열린 질문으로 시작할 것을 권한다.

질책 실문이나 모순의 지적 또한 큰 도움이 된다. 나중에 진술 심리학의 기술을 다룬 '억울한 누명을 쓴 왕따' 절에서 제시할 방법들을 이때 같이 이용하면 더욱 좋을 것이다.

대립 대화

의견들이 서로 충돌하는 대립 대화에서는 따져 물어야 한다. 상대방이 이런저런 일들이 벌어졌다고 주장하지만 그것을 믿을 수가 없다면, 주장의 세부 내용과 배경들을 따져 물어야 한다. 어떻게 그런 일을 겪게 되었는지 설명하게 하라. 공구상점의 고객센터 사례로 다시 돌아가보자. 당신은 고장 난 전기드릴을 가져갔고 직원은 상점 운영지침을 근거로 교환을 거부하며 제품을 생산자에게 보내야 한다고 주장한다. 거의 한달 동안은 그 제품을 쓸 수가 없고 대체물도 없다고 한다. 고객센터 직원에 따르면 상점이 당신을 위해 할 수 있는 건 없다.

그러나 당신은 제품에 대한 계약자가 법적으로 공구상점이지 생산자가 아님을 잘 알고 있다. 그러므로 당신은 즉각적인 환불이나 교환 혹은 대체물 제공을 요청한다.

보다시피 양측은 법이 상충하는 지점에서 서로 맞붙었다. 이 지점에서 당신은 생산자와 어떤 계약도 맺지 않았는데 어째서 제품을 생산자에게 보내야 하는지 따져 물어야 한다. 상점이 당신의 계약 상대이자 제품 책임자임을 증명해야 한다. 상점이 책임자로서 어떻게 계약에 명시된 의무를 이행할지는 당신이 신경 쓸 필요는 없다. 하지만 교환 및 환불 불가는 확실히 계약에 명시된 의무가 아니다. 그러니 계약자이자 책임자로서 의무를 이행해달라고 요청하라. 어쨌든 당신에게 제품을 팔고 돈을 받은 건 상점이지 생산자가 아니잖은가! 고장 난 제품을 반송하느라 걸리는 시간을 당신이 감수할 이유는 없다. 당신이 이렇게 주장하면 틀림없이 직원은 "우리 상점 원칙이 그렇고 지금까지 늘 그렇게 처리했습니다"라며 운영규칙을 다시 설명할 것이다. 그러면 그 운영규칙을 누가 정했는지 물어라.

이런 질문에 대개는 상사나 사장이 거론된다. 그러면 거론된 사람을 만나겠다고 말하라. 단, 그가 당신에게 오게 해야 한다. 당신이 그의 사무실로 가서는 안 된다. 그의 사무실에서 대화를 하게 되면 당신은 낯선 적지에 있는 것이고 상대방은 편안한 제 집에 있는 격이라 불리할 뿐만 아니라 '사람들의 눈'이라는 좋은 패를 잃게 된다. 어차피 상대방 역시 많은 사람들이 오가는 매장에서 대화를 하여 상점과 고객 사이에 다툼이 있다는 인상을 주고 싶지는 않으리라. 그러므로 '사람들의 눈'이 있는 매장이 당신에게 유리하다. 상사나 사장이 나오지 않으면 환불을 요구하라. 종종 현금 대신 상품권으로 환불하는 상점도 있는데 절대 받아들여서는 안 된다. 현금을 주고 산 물건을 상품권으로 환불할 근거는 전혀 없다고 말하라. 그러면 결국 당신은 돈을 되돌려 받게 될 것이다.

만약 상사나 사장이 나타난다면 직원에게 했던 주장을 다시 펼쳐라. 그 역시 운영지침을 근거로 당신의 요구를 거절한다면 차분하게 약간 큰 소리로 항의하라. 흥분하여 소리를 지르거나 화를 내는 것이 아니라 차분하고 정중하게 소리만 약간 크게 하여 고객서비스가 엉망이고 서비스는 고사하고 불법까지 자행한다고 항의하라. 사람들이 수근거리기 시작하리라. 대중의 힘을 이용하라.

그래도 아무 효과가 없으면 연락처를 주고 상대방의 연락처를 물어라. 그리고 전문가 혹은 제3자의 개입이 있을 것임을 알려라. 실제로 가능하다면 신문사에 제보하는 것도 좋은 방법일 수 있다.

끈기만 있다면 당신은 승리할 것이고 (아마 그럴 일은 없을 테지만) 다음에 이 상점에서 물건을 사고 문제가 생겨 고객센터를 찾으면 틀림없이 당신의 주장은 훨씬 잘 통할 것이다.

대립 대화에서는 주장의 정당성을 확인하는 것이 중요하다. 만약 당신의 주장에 정당한 근거가 없다면 물러서는 것이 현명하다.

신중하게 강도를 잘 조절하여 부정형 질문을 던져라. 공격적인 자극으로 상대방을 압박하라. 그러나 과도한 자극은 스스로를 깎아내릴 뿐 아니라 기분이 상한 상대방이 아예 대답을 회피하고 대화를 중단할 수도 있다. 자극이 어떤 효과를 낼지 확실하지 않다면, 사태를 주시하며 열린 질문을 계속하라. 열린 질문은 비록 더디긴 하지만 가장 확실한 길이기도 하다.

훈계 대화

주제에 관한 전문 지식이 상대적으로 높은 사람이 그 지식을 이용하여 상대방을 누르려 한다. 만약 상대방이 훈계하는 위치에 있다면 주눅 들지 말고 먼저 지식의 출처를 따져 물어야 한다. 어떤 지식이든 출처를 명확히 밝히는 것이 원칙이기 때문이다.

앞에서 언급했던 드라이버 사례로 돌아가보자. 직원은 드라이버와 DIY 제품의 관계와 복잡한 조립 과정을 길게 설명한다. 당신은 그 분야를 잘 모르기 때문에 설명이 잘 이해가 되지 않는다. 이때 대충 알아듣는 척해서는 안 된다. 그런 지식을 어디에서 얻을 수 있는지 어딜 보면 그 내용을 직접 읽을 수 있는지 물어라. 확언컨대 그런 설명은 제품 포장에 적혀 있지 않다. 또한 상점 어딘가에 명시되지도 않았다. 무슨 근거로 모든 고객이 그것을 안다고 확신할 수 있는지 따져 물어라. 그러면 직원은 곧 태도를 바꾸어 친절히고 상세하게 설명할 테고 문제해결을 위한 조언도 줄 것이다.

이처럼 훈계 대화에서는 상대방의 지식을 당신도 이용할 수 있을 정도로 상세한 설명을 요청하여 듣고 마침내 당신의 지식이 되도록 해야 한다. 이때는 상대방이 자신의 지식을 설명할 수밖에 없는 열린 질문이 적합하다. 그냥 이렇게 물어라. "좀 자세히 설명해주시겠어요? 아무리 애를 써도 이해가 잘 안 돼서 그래요." 혹은 "당신이 생각하기에 제가 어떻게 하면 이 문제를 해결할 수 있을 것 같습니까?" 그러면 상대방의 대답에서 다음 주장의 출발점을 찾을 수 있다.

16
왜 그녀는 다리를 꼬았을까?
_말과 행동 속에 감춰진 진실을 찾는 법

대화 유형과 질문 기술을 익혔으니 이제 당신은 관심과 욕구를 관철시키기 위한 큰 걸음을 내딛을 수 있다.

대화 유형을 아는 것 이상으로 중요한 것이 바로 진실성을 가늠하는 일이다. 쉽게 말해 거짓말을 알아차리고 그것을 들춰내야 한다. 그리고 뒤에 숨은 진실을 찾아내야 한다.

거짓말은 대화나 담판에서 직면하는 가장 만연된 문제다. 자신을 방어하기 위해, 그리고 자신의 입장을 유리하게 만들기 위해 많은 사람들이 거짓말을 한다. 선의의 거짓말에서 모략까지 그 종류도 다양하다. 상대방의 진술에 따라 당신의 태도 방식이 정해지므로 상대방이 거짓말을 하는지 잘 살펴야 한다. 거짓말을 알아차렸다면 그것이 거짓말임을 밝혀내야 한다. 과연 어떻게 해야 할까?

거짓말의 종류

"꼬리가 길면 밟힌다." 이 속담을 모르는 사람은 없으리라. 속담으로 미루어 짐작건대 옛날부터 사람들은 거짓말이 쉽게 드러나리라 여긴 듯하다. 하지만 아쉽게도 꼬리가 길다고 항상 밟히는 건 아니다. 노련한 거짓말쟁이라면 쉽게 들키지 않는다. 거짓말을 들춰내려면 최소한의 감지 능력과 훈련이 필요하다. 거짓말을 탐지하고 밝혀내는 특별한 기술 없이는 힘들다. 거짓말을 탐지하려면 먼저 거짓말 자체를 면밀히 조사해야 한다. 그러니 거짓말의 종류부터 알아보자.

선의의 거짓말

선의의 거짓말은 누구나 한 번쯤 접했으리라. 이런 거짓말은 사회에 널리 퍼졌고 가장 흔히 허용된다. 그래서 죽을병에 걸린 환자가 곧 죽을 것 같으냐고 물었을 때 간호사가 희망을 주기 위해 거짓으로 답한다면 누구도 간호사의 거짓말을 비난하지 않는다. 주변 사람들도 죽음이 임박했음을 잘 알지만 오히려 간호사의 거짓말을 고마워할 것이다.

회사에서 해고가 예상될 때도 이런 거짓말이 빈번하게 등장한다. 직원의 20퍼센트가 해고될 예정이고 당신이 그 안에 포함되었다. 그러나 상사는 당신이 해고 대상자임을 직접적으로 말하지 않는다. 그는 가능한 중립적인 어휘로 잘 돌려서 기분 상하지 않게 전달하려 노력할 것이다. 결코 노골적으로 말하지는 않을 것이다. 당연히 예외가 있기 마련인데, 특히 두 사람이 아주 친근한 관계이고 해고 이후의 문제를 서로 상의할 수 있는 사이라면 솔직하게 말하고 함께 해결책을 찾을 것이다. 그러나 여전히 노골적으로 해고라는 말을 입에 올리지는 않는다.

광고성 거짓말

광고성 거짓말 역시 선의의 거짓말 못지않게 널리 만연되었다. 상대방에게 강한 인상을 남기고 싶을 때 이런 거짓말이 유용하다. 그래서 취업면접에서 혹은 맘에 드는 이성에게 환심을 사기 위한 대화에서 자주 등장한다. 사실 거의 모든 영역에서 이런 거짓말을 발견하게 된다. 현대 미디어는 나약함 혹은 실수를 용납하지 않는다. 모두들 허점 없는 완벽하고 능력 있는 사람이 되고 싶어 한다. 자신의 약점을 고백하거나 자신의 능력으로는 너무 버거운 요구라고 답하는 사람은 없다. 오히려 자기에게 아주 잘 맞는 요구이고 심지어 요구한 것 이상을 해낼 수 있다고 거짓말을 한다.

모략

모략은 선의의 거짓말이나 광고성 거짓말보다 훨씬 불편한 거짓말이다. 모략은 진실을 숨기는 것에 그치지 않는다. 모략을 꾸미는 사람은 다른 사람에게 해를 끼치거나 자기에게 유리하도록 하기 위해 거짓말, 과장, 절반의 진실 그리고 조작 등을 이용한다. 이 중에서 가장 자주 이용되는 모략 도구는 거짓말이다.

왕따의 중심 수단은 모략이다. 다시 말해 왕따란 결국 한 사람을 체계적으로 모략하는 것이다. 그러나 누군가를 체계적이고 장기적으로 모략할 만한 꼬투리를 실제 회사생활이나 개인생활에서 찾기가 어렵기 때문에 거짓말로 그 꼬투리를 만들어 낸다. 이런 거짓말은 왕따 희생자에게 치명적인데, "아니 땐 굴뚝에 연기 나랴!"라는 속담 때문이다.

심지어 고전문학도 모략의 좋은 사례들을 가르쳐준다. 거짓말과 모략이 인류 역사와 함께했으니 고전문학에서 그런 사례를 볼 수 있는 건 사실 놀랄 일도 아니다. 예를 들어 셰익스피어의 《오셀로》에서 최고의 모략을 발견할 수 있는데, 주인공 오셀로는 결국 모략에 희생되어 죽임을 당한다. 모략의 오랜 전통과 위력이 느껴지는 대목이다.

자기방어 거짓말

앞에서 설명한 방어적 대화를 생각하면 자기방어 거짓말의 의미를 알 수 있을 테다. 자기방어 거짓말이라는 말이 비록 심리학 사전이나 법률 사전에는 없지만 확실히 이런 거짓말이 존재한다. 자기방어 거짓말은 법정 소송에서 위법으로 취급되지 않는다. 법정에서 증인은 비록 진실을 말해야 하지만 위험에 처하면서까지 진실을 말할 의무는 없다. 법조인들은 증인들이 자기방어를 위해 거짓말을 할 수도 있음을 잘 알기 때문에 그것을 막기 위해 차라리 묵비권 행사를 허용한다. 그래서 증인은 침묵으로 자신을 보호할 수 있고 위증죄 위험에서도 벗어날 수 있다. 이렇듯 자신을 보호하려는 욕구는 가장 인간적인 것이기 때문에 법정에서도 인정하는 것이다.

하지만 침묵 역시 다른 사람에게 해를 주는 결정적인 거짓말이 될 수 있다. 예를 들어 당신이 피고인이고 진짜 범인이 증인석에 나와 범행사실에 대해 침묵한다고 상상해보라. 진범인 증인이 침묵을 깨고 자신의 범행사실을 자백해야만 당신은 무죄를 선고받을 수 있다.

그런데 자기방어 거짓말은 대부분의 담판 혹은 대화에서 침묵이 아니라 일부 혹은 전체적으로 틀린 진술로 나타난다. 그러므로 자기방어 거짓말이라도 면밀히 살펴야 한다. 몇 가지 조언을 준다면, 우선 거짓 진술이 복잡하게 얽혔다면 서로 얽힌 것을 풀어야 한다. 모든 진술 내용을 가장 단순한 문장으로 잘게 부수어라. 그런 다음 얽힌 매듭을 하나씩 따져 물어라. 잘게 부순 단순한 문장을 토대로 거짓 진술의 복잡함을 살펴라. 모든 내용을 간단한 표현으로 재구성하고 그 안에 모순이 있는지 살펴라. 뭔가 명확하지 않거나 거짓말 같은 느낌이 든다면 용기를 내어 차분하게 몇 번이고 풀릴 때까지 재차 물어라.

지금까지 살펴본 네 가지 거짓말이면 거짓말 유형의 대략적 그림을 넉넉히 그릴 수 있으리라. 또한 거짓말을 하는 동기를 안다면, 동기가 지렛대 역할을 하여 거짓말을 드러내기가 더 쉬울 것이다. 동기를 알면 가장 먼저 거짓말인지 아닌지를 알 수 있다. 동기 이외에도 거짓말을 폭로하는 여러 지표들이 있다.

목소리와 몸짓이 폭로하는 것

거짓말을 하는 사람은 종종 몸짓으로 그 사실을 폭로한다. 거짓말하는 사람이 폭로하는 이른바 '거짓말 징후'를 아는 것은 거짓말을 드러내는 데에 매우 유용하다. 예를 들어 다들 알고 있듯이, 눈을 맞추고 말하는 것은 정직을 의미한다. 반면 거짓말하는 사람은 눈을 잘 맞추지 못한다. 그러므로 당신과 눈을 맞추지 못한다면 그는 거짓말을 하는 것일 수 있다. 여러 책들이 혹은 강사들이 거짓말 징후를 발견했다고 주장하지만 과학적으로 검증된 것은 없다. 다시 말해 거짓말의 징후라고 확실하게 단언할 수 있는 특정 행동은 없다는 말이다. 그렇다고 거짓말임을 의심케 하는 이상행동이 전혀 없다는 말은 아니다. 특정한 이상 행동 하나를 거짓말의 증거로 삼기보다 전체 몸짓을 보아야 한다. 몸짓은 거짓말에 대한 좋은 징후일 수 있다. 단 개별 몸짓 하나로 확정하기보다 전체를 살펴야 한다.

이제 거짓말을 폭로하는 몸짓의 몇몇 특징을 설명할 터인데, 100퍼센트 확실한 것은 없음을 미리 밝혀둔다. 팔과 다리의 자세, 그리고 표정, 말, 목소리로 영역을 나누어 살펴보자.

발은 항상 진실을 말할까?

몸짓 언어를 이해하려면 신체 전체를 관찰해야 한다는 데에는 비교적 의견이 일치한다. 미리 부탁하건대, 상대방을 노려보거나 상세하게 살피는 것은 오해를 낳기 쉬우므로 가능한 눈에 띄지 않게 조심하여 관찰하길 바란다.

그렇다면 어떤 신체부위를 특히 주의해서 관찰해야 할까? 전문가들 사이에서도 이에 대해서는 의견이 분분하다. 예를 들어 데즈먼드 모리스(Desmond Morris)는 《인간 보기(Man watching)》에서, 머리에서 멀리 떨어진 신체부위일수록 거짓말을 더 잘 폭로한다고 적었다. 이 명제는 많은 동의를 얻었다. 나 역시 이 명제에 동의한다. 그러니 몸짓을 통해 진실성을 판명하고자 한다면 상대방의 다리와 발을 주의하여 관찰하라. 모리스는 심지어 "발은 항상 진실을 말한다"라고 썼다.

저녁에 식당에 가서 사람들의 발과 다리를 관찰해보라(당연히 은밀하게). 발끝이 저마다 다른 방향을 가리키고 있음을 확인하게 될 것이다. 예를 들어 맞선을 보고 있는 어떤 남자의 발끝은 앞에 앉은 여자에게 향했다. 여자에게 관심이 있다는 뜻이다. 반면 앞에 앉은 여자의 발은 가지런히 놓였지만 출구 쪽을 향했다. 빨리 그 자리에서 떠나고 싶다는 뜻이다. 그러나 강조하건대 한 가지만으로 설불리 판단을 내려서는 안 된다.

앞서 진행하는 담판에서도 다리는 어느 정도 진실성을 폭로한다. 당신과 대립하는 대부분의 사람들이 다리를 엇갈려 놓는 것을 보게 될 것이다. 이것은 조심성의 상징이다. 이런 사람들은 담판에서 개방하기보다는 뒤로 물러난다. 그리고 가능한 본심을 감추려고 노력한다. 그러므로 이런 태도를 보이는 상대라면 쉽게 담판이 끝나지 않을 것임을 감안해야 한다. 반대로 느긋한 태도로 앉은 상대라면 빠른 해결책을 희망해도 좋다. 당연히 서 있을 때도 마찬가지다. 술집에서든 세미나가 끝난 다음이든 느긋하게 다리를 꼬고 앉은 사람이 있는가 하면 거의 쥐가 나도록 다리를 엇갈려 놓은 사람도 있다. 아무리 스몰토크 상황이라도 당연히 조심성의 징후로 해석할 수 있다. 상대방의 몸짓에서 물러서는 징후를 감지했다면 이것부터 무너뜨려야 한다. 그러면 천천히 그러나 확실하게 성공이 온다.

다리를 꼬고 앉은 자세에는 크게 의미를 두지 않아도 좋다. 이런 태도는 결코 물러남의 표시가 아니다. 그저 평범한 앉은 자세일 뿐이다.

또한 앉은 자세에 대한 판단이 틀릴 수도 있다. 그러므로 이런 관찰을 거짓말 폭로의 유일한 척도로 삼아서는 안 된다.

여자와 남자의 앉는 자세가 다르다는 건 잘 알고 있을 터이다. 여자들은 항상 긴장하여 허리를 꼿꼿이 세우고 다리를 꼬고 앉는다. 그렇게 배웠고 오랫동안 몸에 배어 습성이 되었기 때문이다. 일반적으로 이런 자세는 정직성과 신뢰성을 상징한다. 만약 몸에 배어 습성이 된 (솔직히 다리에 쥐가 나기 십상인) 이런 자세를 잘못 해석한다면, 극단적인 경우에는 담판에서 패배할 수도 있다.

그 밖의 신체 신호

이제 상체로 눈을 돌려 팔과 손을 관찰해보자. 팔과 손의 자세 역시 의미를 갖는다. 주먹을 꼭 쥔 손은 주로 공격이나 분노로 인식된다. 팔짱을 끼고 말을 하는 사람을 본 적이 있으리라. 또한 얘기하는 내내 손을 휘두르는 사람도 보았으리라. 이런 자세를 평가하기 전에 상대방을 먼저 알아야 한다. 예를 들어 '뜨거운 피가 흐르는 남쪽 나라 사람'이라면 정신없이 손을 흔드는 것은 대화 내용의 진실성과 아무 상관이 없다. 그와 달리 평소 침착했던 사람이 갑자기 정신없이 손짓을 한다면 몹시 흥분된 상태임을 뜻한다. 흥분한 까닭은 물론 거짓말 때문이리라. 거짓말 탐지기의 기본 원리가 바로 이런 흥분이다. 거짓말 탐지기는 대답하는 사람의 흥분상태를 측정하고 그것으로 거짓말인지 진실인지를 결정한다. 그러니 거짓말을 한 후 들키고 싶지 않다면 절대 흥분하지 마라!

어깨도 말을 하는데, 테스트에 의하면 거짓말을 했던 사람이 진실을 말할 때면 갑자기 양 어깨를 앞으로 모은다. 이것은 진실을 말하기 위해 마음을 모으는 자세로 해석할 수 있겠다. 계속 거짓말을 하다가 진실을 얘기하기 시작할 때 주로 이런 동작을 취한다. 그러므로 상대방이 이런 동작을 취했다면 진실을 밝힐 수 있도록 잠시 말을 멈추고 상대방에게 말할 기회를 주어야 한다.

신중해야 할 분야

상대방의 몸짓을 관찰하고 판단하기 전에 명심해야 할 것들이 있다. 우선 상황과 몸짓 요소들은 매우 다양하다. 또한 상대방에 대한 판결을 내리려면 그에 대해 아주 잘 알아야 한다. 이를테면 상황과 몸짓 요소들을 유형별로 잘 정리했고 상대방에 대해서도 충분히 알 때 믿을 만한 판단을 할 수 있다. 상대방의 평소 모습과 비교했을 때 유난히 긴장된 태도를 보이거나 진실성이 의심된다면 이상한 몸짓을 근거로 판단해도 좋다. 그러나 상대방에 대해 잘 모른다면 섣부른 몸짓 분석은 금물이다. 자칫 오해와 실수를 낳을 수 있으므로 몸짓 징후를 신뢰해서는 안 된다.

공구상점의 예를 본다면 당신은 확실히 공구상점의 직원을 잘 알지 못한다. 그의 몸짓을 정확히 분류하고 해석하는 것은 불가능하기 때문에 신중하게 대응해야 한다. 그러나 회사에서 생긴 왕따 문제라면 동료에 대해 잘 알기 때문에 그 지식을 바탕으로 목적의식을 갖고 몸짓을 분석하여 이용해도 좋다. 또한 부부 관계에서도 마찬가지다. 단, 합리적인 반응을 위해 반드시 전체 맥락 안에서 몸짓을 관찰하고 정리해야 한다.

표정

우리는 대화를 할 때 서로 눈을 쳐다본다. 이것은 정직의 표시이기도 하다. 그러나 연습이 잘된 거짓말쟁이는 몸짓이나 표정도 목적에 맞게 잘 꾸밀 수 있다. 그래서 꾸며낸 감정이 얼굴 표정으로도 고스란히 드러나고 상대방은 감쪽같이 속는다. 이것은 특별한 재능임에 틀림없고 연습을 통해서 단련할 수 있다. 배우들의 실감나는 연기를 생각해보라. 바로 이런 기술을 완벽하게 구사하는 직업이 아닌가. 전문 배우가 아닌 평범한 사람이라도 필요한 감정을 만들어내고 그에 적합한 표정을 지을 수 있다. 특별히 그런 재능을 타고난 사람들이 있다. 그러므로 표정을 판단할 때 이점을 염두에 두어야 한다. 그러나 종종 직관적으로 가짜 미소를 알아챌 수 있는데, 가짜 미소를 지을 때 움직이는 얼굴부위와 진짜 미소를 지을 때 움직이는 얼굴부위가 다르기 때문이다. 직관이 옳을 때가 확실히 많다. 그러니 당신의 직관을 무시하지 마라. 내면의 목소리가 뭔가 이상하다고 말할 때 그것을 무시하지 마라. 내면의 목소리가 거짓말의 꼬리를 잡아내는 경우가 종종 있기 때문이다. 내면의 목소리는 아주 중요한 조언자다. 그러니 무조건 그 소리에 귀를 기울여라.

다시 표정으로 돌아가서, 갑작스런 표정의 변화에 특히 주의를 기울일 필요가 있다. 이런 갑작스런 표정의 변화를 기차에 비유하여 '표정의 탈선'이라 부르기도 하는데, 기차의 탈선이 예기치 못한 사건이듯 표정의 탈선은 준비되지 않은 질문에 대한 반응이다. 표정의 탈선 원인은 간단하다. 인간의 뇌는 말을 하면서 동시에 거짓말도 꾸밀 능력이 안 된다. 말하자면 뇌는 생각을 하거나 아니면 말을 하거나 둘 중 하나만 할 수 있다. 그러므로 표정을 관리하며 거짓말을 하던 사람이 갑자기 예기치 못한 질문을 받게 되면 뇌는 '그에 맞는 새로운 거짓말'을 고안하기 시작하고 표정은 탈선하게 된다. 뇌는 생각에 집중하느라 표정관리를 완벽하게 하지 못한다. 곰곰이 생각하는 것만으로도 뇌는 벅차기 때문이다. '새로운 거짓말'을 고안하는 짧은 순간에 표정 통제가 불가능해진다. 조작했던 가짜 미소가 사라지고 섬뜩한 시선이 드러난다. 표정이 탈선한다. 이런 탈선이 바로 캐물은 보람이다. 거짓말을 감지해낸 것이다.

그러므로 상대방이 전혀 준비하지 않은 질문을 해야 한다. 진행 중인 주제의 핵심과 꼭 맞을 필요는 없다. 별로 중요하지 않은 얘기여도 괜찮다. 어쨌든 주제와 관련만 있으면 된다. 진실을 말한다면 표정의 탈선 없이 즉시 대답할 테고 거짓을 말하는 중이라면 생각하는 잠깐 동안 표정의 변화가 있을 것이다. 경험으로 보건대, 대부분 본인 스스로 표정의 탈선을 깨닫는다. 그리고 뒤늦게 그것을 감추기 위해 애쓰는데, 주로 얼굴을 돌리는 식으로 나타난다. 그러나 예리한 표정 관찰자인 당신은 이제 이것을 쉽게 눈치챌 수 있다.

목소리

목소리에서도 많은 것을 감지할 수 있고 행간을 읽을 수 있다. 진술 내용을 강조하거나 진실성을 돋보이게 하기 위해 목소리를 꾸민다. 그래서 중요한 지점은 보다 인상 깊게 묘사하거나 큰 소리로 발음한다. 이때 목소리 크기가 유일한 신호라고 생각하는 실수를 하면 안 된다. 평범한 크기의 목소리라도 상대방의 말을 정확히 듣고 분석해야 한다. 원래 나직하게 말하는 사람이 일부 지점에서 큰 소리로 말한다면 이것은 분노를 의미할 수 있다. 혹은 평소 큰 소리로 말하던 사람이 말끝을 흐리거나 더듬거린다면 거짓말을 한다는 증거일 수 있다. 또한 목소리가 떨린다면 다소 긴장했거나 흥분했다는 뜻이다.

  책에 쓸 자료를 찾기 위해 '거짓말 탐지기'와 '언어감지 프로그램'을 키워드로 인터넷 검색을 해보았다. 그 결과 거짓말 탐지기와 언어감지 프로그램이 목소리 상태에 따라 거짓과 진실을 판별한다는 사실을 알게 되었다. 그러나 이 기술은 오류를 범한 전적이 있다. 예를 들어 언어감지 프로그램은 모니카 르윈스키와의 스캔들에 대한 빌 클린턴 전 미국 대통령의 진술을 분석했다. 이 프로그램은 르윈스키와 성관계를 가진 적이 없다는 빌 클린턴의 진술을 진실이라고 판별했다. 기계는 클린턴의 목소리에서 의심할 만한 떨림이나 이상한 점을 감지하지 못했던 것이다. 훈련이 잘된 거짓말쟁이는 목소리를 잘 통제하여 기계도 속일 수 있다.

  단지 목소리 크기로 거짓말을 짐작하는 것은 주먹구구 공식으로 결코 믿을 만한 규칙이 못 된다. 거짓말을 할 때 평상시보다 큰 소리로 빨리 말하는 것이 보통이지만 가끔은 거짓말을 하는 것이 마음에 걸려 유난히 작은 소리로 말하기도 하기 때문이다. 다시 말해 죄책감이 들어 작은 소리로만 거짓말을 하고 싶은 것이다. 이것은 무의식중에 나오는 태도다.

게다가 준비하지 않고도 거짓말을 잘하는 사람도 있다. 이들은 평상시와 똑같이 말하고 앞뒤가 잘 맞게 말한다. 심리학자 릴리안 글래스(Lillian Glass)에 의하면 거짓말하는 것이 힘들수록 더욱 큰 소리로 활기차게 말한다고 한다.

사람에 따라 거짓말할 때의 목소리가 다양하다는 것을 명심해야 한다. 그러므로 앞에서 언급한 거짓말 징후들은 결코 100퍼센트 확실한 게 아니다. 전체 맥락에 달렸다. 그러나 순간적으로 거짓말임이 느껴지는 때가 있다. 그때 주저하지 말고 강력하게 진실을 추구한다면 틀림없이 보람이 있을 것이다.

요컨대 거짓말을 표시하는 몇몇 몸짓이 있긴 하지만 명확한 증거는 아니다. 그러므로 단순한 징후 이상으로 해석하는 것은 위험할 수 있다.

거짓말 탐지 체크리스트

① 상대방이 특별히 긴장하거나 산만해 보이는지 주의하라.

② 발의 위치에 주의하라. 뇌에서 멀리 떨어진 신체부위일수록 솔직하기 때문이다.

③ 평상시와 비교했을 때 유난히 빨리 말하거나 목소리 크기가 달라졌는지 주의하라.

④ 거짓말을 발견해내거나 증명하기에 몸짓 하나만으로는 충분치 않다. 의심되는 부분을 캐묻기 위한 보조수단 정도로만 이용하라.

17

억울한 누명을 쓴 왕따
_노련한 거짓말쟁이를 상대하는 법

확실한 거짓말 징후를 찾지 못했다면 다른 길을 택해야 한다. 자신의 권리를 최대한 보호하려면 어떻게든 진실을 밝혀야 한다. 하지만 어떻게 해야 할까?

법조계와 심리학계는 이른바 '진술 심리학'을 마련했다. 진술 심리학 지식은 진실 여부를 점검하는 데에 적합하며 일상에서도 활용할 수 있다. 일상에서의 활용을 쉽게 하기 위해 먼저 진술 심리학의 기본 내용을 잠깐 설명하겠다.

진술 심리학의 기술

진술 심리학에서는 진술의 특징을 관찰한다. 진술의 특징을 살펴 신빙성을 조사한다. 예를 들어 진술이 더욱 발전하면, 즉 상세 정보가 채워지면 신빙성을 인정한다. 신빙성을 인정하는 진술의 조건으로 진술 심리학은 세 가지 특징을 꼽는다. 진술의 발전, 명확한 주장 그리고 신빙성 징후가 그것이다. 이 세 가지 특징을 진술에서 확인했다면 신빙성을 믿어도 된다. 그러나 정확한 판단은 역시 각각의 사례에 달렸지 결코 보편화할 수는 없다.

이런 설명이 어쩌면 비슷비슷하게 들려 명확히 이해하기 힘든 독자도 있으리라. 모두 추상적인 말들이라 실생활의 사례 없이 이해하기 힘든 게 사실이다. 이해한 것만 간단히 정리해보자. 진술의 진실성을 결정하기 위해서는 몇몇 전제조건이 있어야 한다. 이 전제조건이 신빙성의 특징이다. 한 가지 특징만으로는 충분치 않다. 진술의 신빙성을 확신하려면 최소한 세 가지 특징이 있어야 한다. 이해를 돕기 위해 이제 실생활의 사례와 연결해보자.

양적·질적으로 풍부한 세부 내용

풍부한 세부 내용이란 진술 내용 안에 구체적인 세부 내용이 아주 많다는 뜻이다. 결코 두루뭉술한 묘사가 아니다. 세부 내용의 설명을 요청하는 일은 신빙성 확인의 기본이다. 진술 내용에 세부사항이 없고 세부 내용을 캐물어도 명쾌하게 답하지 못한다면 신빙성은 의심된다. 그러므로 양적으로 풍부한 세부 내용은 진술의 신빙성에 중요한 특징이다.

그러나 양뿐 아니라 질도 중요하다. 기본적으로 세부 내용을 마치 신문기사처럼 진술하시나 보아 어떤 현상에 대해 매우 개인적인 인상을 갖고 있어 목격한 것과 개인적인 인상을 연결하기도 한다. 그러다보니 진술 내용이 전체 맥락과 잘 맞지 않을 때도 있다. 예를 들어 동료 직원이 상사의 책상을 정리하기 위해 항상 퇴근 후에 다시 사무실로 돌아온다고 진술하는 식이다. 분명 그 직원은 정리벽 때문에 다시 사무실로 오는 게 아니라 상사의 책상에서 자료나 수치를 꺼내 가기 위해서 올 것이다. 그러나 목격자는 동료의 정리벽과 목격한 현상을 연결하여 진술한다. 상황을 묘사할 때 주로 이런 현상이 생기는데 신빙성의 한 특징이기도 하다. 특히 아이들의 진술에서 자주 나타난다. 아마 부모들은 아이들의 이런 진술을 금방 알아챌 것이다. 그러므로 이런 묘사가 있고 그것이 전체 맥락에 다소 어색하게 배치된다면 이 부분만큼은 신빙성이 있는 것으로 본다.

그러나 역시 신중할 필요가 있다. 노련한 거짓말쟁이는 이런 식의 묘사까지 연출하기 때문이다. 그러므로 언제나 캐묻는 질문이 필요하다. 진술의 질적 가치를 평가할 때, 빠진 부분이나 독특한 개별 내용에 특히 주의해야 한다. 비슷한 상황의 경험이 있다면 당신의 경험과 진술 내용을 비교할 수 있으리라. 당신이 이미 직접 경험했던 혹은 그와 비슷한 상황을 진술자가 묘사한다면 두 가지 상황을 비교할 수 있으니 신빙성 점검에 더없이 좋으리라.

또한 목격자가 목격 당시에 느꼈던 자신의 감정을 묘사할 수 있다면 질적으로 높은 가치가 있는 진술로 인정해도 좋다. 상황에 어울리는 감정 묘사는 매우 중요하다. 어떤 느낌이 묘사되고 그 느낌이 실제 상황과 어울리느냐는 개별 사례에 따라 다르다. 그러나 어쨌든 이런 식의 세부 설명이 포함되었다면 신빙성을 인정해도 된다. 신빙성 점검에서 세부 내용은 중요한 구실을 하기 때문에 거짓말을 하더라도 전체 세부 내용은 그대로 두고 특정 부분만 살짝 바꾸는 일이 흔하다. 다시 말해 진실과 조작된 진술이 연결된다. 구체적인 증거로 증명이 가능한 진실의 껍질로 거짓말을 포장한다. 짧은 사례를 하나 보자.

A라는 직원이 왕따인 B직원을 도둑으로 몰았던 일이 있었다. A직원은 B직원이 항상 사무실을 맨 마지막으로 나간다는 걸 알고 있었다. 그리고 어느 날 B직원이 사무실을 나가기 전에 자료실에 들러 서류를 두고 갔다는 것도 알았다. A직원은 이 지식을 이용해 B직원을 도둑으로 몰았다. 진술인즉슨 사무실에서 자료실로 가기 전에 사무실의 물건을 훔쳤다는 얘기다. 심지어 물건을 훔치는 장면을 직접 목격했다고 말했다. 정황은 딱딱 들어맞았다. B직원이 자료실로 간 것도 증명이 되었고 맨 마지막으로 사무실을 나간 것도 사실이었다. 현장에 마지막까지 있었다는 사실은 충분히 의심이 가는 대목이다. 그러니까 죄 없는 B직원은 이제 진짜 범인처럼 보인다.

어떻게 해야 이 누명을 벗을 수 있을까? 이럴 때는 상세화로 접근해야 한다. 그것을 통해 구체적인 사건의 선후를 점검하고 진술 내용을 면밀히 조사해야 한다. 만약 B직원이 성발 물건을 훔쳤다면, 그것을 목격했다는 A직원은 현장을 그냥 지나친 것 외에 어떤 행동을 했는지 구체적으로 설명할 수 있어야 한다. 왜냐하면 절도 현장을 목격하려면 그냥 지나치는 시간보다 더 긴 시간이 필요하기 때문이다. 자료실로 가기 전에 범인은 먼저 현장으로 숨어들어야 하고 훔칠 문건을 찾아 몸에 잘 숨겨야 하기 때문이다. 사건 과정을 캐묻는 집중 취조가 필요하다. 시간의 흐름을 정확히 가늠할 수 없기 때문에 이제 누명을 씌운 A직원은 다급할 수밖에 없다. 설명해야 할 필수 세부 내용이 빠졌으므로 그것을 고안해 내야하고 잠깐 표정의 탈선이 생긴다(뇌의 한계를 기억할 것이다. 뇌는 생각을 하면서 동시에 말을 할 수 없다). 계속해서 질문을 해야 한다. 왜냐하면 A직원이 진짜 범인일 확률이 높고 분명 특별한 세부 내용을 듣게 될 것이기 때문이다. 고삐를 늦추지 않고 집중적으로 계속 캐묻는다면 분명 범인만이 알 수 있는 세부 내용을 듣게 될 것이다. 어쨌든 그 역시 세부 내용을 진술하여 신빙성을 인정받고 싶을 테니 말이다. 진술 속에서 범인만이 알 수 있는 세부 내용을 찾아내 지적하라.

진술자의 설명이 복잡하고 난해할 때 그 묘사가 타당한지를 점검하는 방법은 질적인 세부 내용 점검 못지않게 효과적이다. 목격한 상황을 진술할 때 목격자 자신이 당시 어떤 행동을 했는지 그대로 재현할 수 있는지 살펴라. 뒤집어서 말하면, 자기 행동을 재현하거나 당시 했던 구체적인 말을 인용하지 못하고 단지 전체적인 상황과 대화의 요약만 진술하는지 주의하라. 이때 집중적으로 질문해야 한다. 실제 현상들은 서로 얽혀있기 때문에 그것을 설명할 때도 내용들이 서로 복잡하게 얽히는 것이 당연하다. 다시 말해 실제 목격한 것을 진술한다면 내용이 복잡할 수밖에 없다. 내용이 비록 복잡하더라도 앞뒤가 잘 맞고 타당하다면 그 진술은 기본적으로 신빙성이 있는 것이다. 그러므로 내용의 복잡성이 빠진 진술을 감지해낸다면 쉽게 거짓말을 밝혀낼 수 있다.

보충 가능성

진술자가 모든 세부 내용을 한 번에 빠짐없이 설명하지는 못한다. 진술자는 대개가 목격한 현상의 핵심에 집중하고 세부 내용은 놓치기 때문에 이런 식의 완전한 진술은 거의 기대할 수 없다. 그러므로 꼬치꼬치 질문을 해 진술자가 세부 내용을 보충할 수 있도록 유도해야 한다. 이때 진술자가 세부 내용을 보충하지 못한다면 진술이 거짓말일 수도 있음을 감안해야 한다. 보충 가능성을 확인할 수 있는 질문들을 꼼꼼히 준비하라. 보충된 진술 내용이 전체 그림에 잘 맞는지 확인하라. 이것이 보충 가능성을 점검하는 핵심 기준이다. 언제나 전체 그림을 머릿속에 그린 후 보충된 내용과 비교하라. 모순처럼 보이거나 서로 잘 맞지 않는 내용이 발견되었다면 특히 정신을 똑바로 차리고 그 부분을 집중 공략해야 한다.

이제 거짓 진술을 하는 사람은 큰 장애물을 만난 셈이다. 당신의 지적과 질문에 해명을 해야 한다는 압박을 받는다. 질문에 답하고 거짓말을 신빙성 있게 만들기 위해 점점 많은 설명을 덧붙여야 하고 구체적으로 묘사해야 한다. 진술자는 세부 내용을 설명하느라 말이 많아지고 그것을 전체 그림과 맞추느라 안간힘을 쓴다. 진술을 더욱 신빙성 있게 만들기 위해 누구나 다 아는 당연한 얘기들을 늘어놓는다. 거짓말을 하는 사람은 기정사실을 설명함으로써 전체 진술의 신빙성을 높이려 한다. 어쨌든 기정사실을 설명할 때는 실수할 일도 없으니 길게 늘어놓는다. 그러므로 당연한 사실들이 장황하게 설명되는지 주의하라.

앞부분에서 이미 확인했듯이, 우리의 뇌는 곰곰이 생각하기와 말하기를 동시에 할 수 없다. 그러므로 말의 속도와 생각하는 시간에 주의해야 한다. 거짓을 말하는 진술자는 전체 진술과 맞는 대답을 찾기 위해 집중해서 생각해야 한다. 그래서 질문을 받는 즉시 대답하지 못하고 머뭇거리게 된다. 거짓 진술자가 생각할 시간을 벌기 위해 내는 '에…' '음…' 같은 소리에 주의하라. 질문하자마자 즉시 내용 보충이 가능하고 그 내용이 꿰맨 자국 없이 말끔하게 전체와 잘 맞으면 진술의 신빙성을 믿어도 된다. 그와 달리 '에…' '음…'을 연발하며 오래 생각하고 천천히 더듬더듬 말한다면 질문 공세를 늦추지 마라. 틀림없이 거짓말을 찾아내게 될 것이다. 그러므로 예상 밖의 질문을 적절한 때에 던져 내용 보충을 요구하는 일은 충분히 시도

해볼 만한 방법이다.

누명 씌우기

이른바 누명 씌우기가 진행되면 거짓 진술을 밝혀내기란 특히 어렵다. 누명 씌우기란 실제 있었던 일을 엉뚱한 사람에게 뒤집어씌우는 것을 말한다. 실제 범인인 A직원이 죄 없는 B직원을 도둑으로 몰았던 사례처럼 말이다. 이렇듯 본인이 한 일을 다른 사람에게 덮어씌우는 경우도 있는데 이럴 때는 특히 면밀하게 살펴야 한다. 그러나 사용할 기술은 똑같다. 질문을 통해 세부 내용을 점검하는 것이다. 세부 내용이 진술한 범행 장면과 서로 맞지 않으면 그는 거짓말을 하는 것이다. 그러므로 상세하게 질문하여 세부 내용의 모순을 발견해내라.

일치성

일치성을 확인할 때는 특히 주의를 기울여야 한다. 일치성이란 전체 진술과 세부 내용 및 보충 내용이 서로 일치하는 것을 말한다. 일치성은 크게 개별 진술 내용 사이의 일치성과 목격한 상황의 일치성으로 나눌 수 있다.

개별 진술 내용 사이의 일치성이란 진술된 세부 내용들이 서로 일치하는지를 보는 것으로, 여러 각도에서 묘사된 내용을 단순히 비교함으로써 확인할 수 있다. 상황의 일치성은 거짓을 밝혀낼 여러 가능성을 주는데, 상황 안에는 늘 점검해야 할 참조사

함들이 있기 마련이기 때문이니, 목격자의 시술과 신뢰할 만한 다른 사람의 진술을 비교하는 것이 가장 잘 알려진 방법이다.

현장에 대한 주의집중이 종종 결정적 단서를 주기도 한다. 현장에서 발견된 세부 내용과 특이사항이 전체 진술과 일치하는지 점검해야 한다. 이미 보도를 통해 많이 알려졌고 그래서 진술자가 현장 상황을 훤히 알고 있거나 예상에 맞춰 조작이 가능한 상황을 진술하는지 특히 주의해야 한다. 만약 조작할 수 없는 명백한 상황을 진술한다면 신빙성을 인정해도 된다. 이해를 돕기 위해 간단한 사례를 하나 들어보자.

어떤 기업이 중요한 문서를 도난당했다. 이사회에서는 사내에 경쟁업체 스파이가 있다는 결론을 내렸다. 그런데 이사회가 용의자로 지목한 직원은 다른 직원을 지목하며 심지어 훔치는 걸 직접 보았다고 진술했다. 하지만 안타깝게도 그는 중요한 사실을 놓쳤다. 그가 소위 범인이라고 지목한 직원은 사건 발생 시각에 회사에 없었다. 고객을 방문하기 위해 외근을 나갔다가 타이어가 펑크 나는 바람에 카센터에 들렀고 결국 예정했던 시각에 회사로 돌아오지 못했다. 카센터 영수증과 출입 카드에 찍힌 시각이 이 모든 것을 증명해주었다. 이렇듯 영향을 미칠 수 없는 명백한 사실과 진술이 모순될 수 있다. 그러므로 상황에 주의하고 정확히 따져 물어라.

사소한 모순도 그냥 지나쳐서는 안 된다. 예를 들어 "어둠 속에서 똑똑히 보았다"라는 진술은 모순이다. 어두운 곳에서 똑똑히 볼 수 없다는 건 누구나 아는 사실이니 말이다. 이때도 캐묻는 질문이 필요하다.

행동 묘사에도 주의를 기울여야 한다. 행동 묘사란 사건이 벌어졌을 때 진술자가 어떤 반응을 했는지 설명하는 것을 말한다. 당연히 상황과 그의 반응이 일치해야 한다. 예를 들어 (소위) 강도를 당했다는 진술자는 인질로 잡혔는데 묶이지도 않았고 범행이 끝난 후 자유롭게 풀렸는데도 즉시 도망쳐 경찰에 신고하지 않았고 오히려 여러 시간을 범인 곁에 머물렀다. 확실히 이상한 행동이다. 비록 다소 허술한 예이긴 하지만 행동 묘사에서 생길 수 있는 모순이 거짓말을 감지하는 데 중요한 구실을 한다는 사실은 명확해진다.

일치성을 확인할 때 진술자의 전문지식도 확인해야 한다. 만약 진술자가 진술 내용과 관련된 높은 전문지식을 가졌다면 일치성의 점검으로 거짓 진술을 밝힐 기대는 버리는 게 좋다. 진술자는 상황이 위급해지면 전문지식을 이용하여 금방 상황을 뒤집을 수 있기 때문이다. 그와 달리 전문지식이 높지 않다면 진술의 일치성 점검으로 신빙성을 측정할 수 있다.

항상성

관점을 달리하여 같은 내용을 여러 차례 질문할 때 항상성을 점검할 수 있다. 진실한 진술이라면 여러 차례 질문해도 대답은 기본적으로 항상 같다. 그러므로 항상성이 없다면 신빙성을 의

신해야 한다. 그러나 항상성이 없는 진술이 믿을 수 없는 것은 사실이지만 항상성이 있다고 하여 반드시 신빙성이 있는 것은 아니다. 거짓을 암기하여 진술할 때도 항상성은 있기 때문이다.

한 연구 결과에 따르면, 2년 내지 3년 간격의 진술에 항상성이 있다면 신빙성을 믿을 수 있다. 아직 기억이 희미해지거나 지워지지 않았기 때문에 진술 내용이 사실과 일치한다.

항상성을 점검할 때 다음을 다룬다.

① 목격한 현상의 핵심 묘사에 항상성이 있다.
② 현상에 직접적으로 등장하는 대상이 변하지 않는다.
③ 사건이 발생한 현장 묘사에 항상성이 있다.
④ 차로 이동했을 때 그 장소와 이동 방법에 항상성이 있다.
⑤ 사건과 직접 관련된 사물(촛대로 때렸다)에 대한 진술이 변하지 않고 그대로다.
⑥ 현장이 밝았는지 어두웠는지에 대한 진술에 변함이 없다.
⑦ 관련자 사이에 접촉이 있었다면 접촉 과정과 내용은 항상 같다.

다시 말해 2년 내지 3년 안에 반복해서 진술한다면 이 7가지 내용에서 항상성이 있다. 그러므로 목격자에게 며칠 간격을 두고 같은 질문을 반복해서 물을 필요가 있다. 만약 7가지 지점에서 진술 내용이 변한다면 그 신빙성은 크게 의심된다. 당연히 항상성이 없는 부분을 지적하고 집중 공략해야 한다.

기억이 희미해져서 앞에서 했던 세부 내용을 잊거나 완전히 일치하게 대답하지 못할 수도 있다. 그러나 앞에서 언급한 연구 결과처럼 실제 경험한 사건이라면 7가지 지점은 결코 희미해지거나 잊히지 않는다. 단 2년 내지 3년이라는 시간 안에서만 그렇다. 3년이 훨씬 지난 일을 진술하는 거라면 이 연구 결과는 적용되지 않는다.

기술 활용에서 명심할 몇 가지

지금까지 살펴본 진술 심리학의 기본 지식으로 누명이나 모략의 가능성을 재빨리 점검할 수 있으리라. 그러나 이것보다 더 결정적이고 중요한 기술이 있다. 자신의 관심과 욕구를 주장하는 데에 아주 중요한 기술 하나를 소개하겠다. 그것은 내면의 목소리다. 내면의 목소리는 위험할 때 경고등을 켜고 안전할 때 녹색등을 켠다. 그러니 내면의 목소리를 들어라. 육감에 불과하다고 무시해버려서는 안 된다.

또한 실수를 두려워 마라. 변호사가 실수를 두려워한다면 어떤 성공적인 결과도 얻을 수 없다. 담판에는 정답과 오답이 없다. 충분히 준비하여 합법적인 수단으로 도달해야 할 목표만 있을 뿐이다. 그러므로 당신이 변호사로서 스스로를 변호할 자격이 있는지, 그만큼 힘이 있는지 걱정하지 마라. 담담하게 상황을 맞아라. 용기와 자신감을 가지로 담판에 임하라! 그러면 당신은 빛날 것이고 그 빛은 기술과 합쳐져 멋짐을 승리로 이끌 것이다. 편견이나 선입견을 버리고 담판에 임하라. 당신의 주장만 옳다고 확신하고 오직 상대방을 굴복시킬 생각만으로 담판에 임한다면 결말은 큰 재앙일 수 있다. 이런 담판은 실패하기 마련이다. 담판에서 성공하고자 한다면 지적이고 효과적으로 권리를 보호하고 노련한 기술로 담판을 이끌어야 한다. 단순한 확신으로 고집만 부려서는 안 된다. 당신의 주장이 정당하다는 확신이 있더라도 탄력적인 전략으로 담판에 임해야 한다.

이런 조언들이 담판에 당장 이용되지 않더라도 알고 있는 것만으로도 도움이 된다. 조급할 필요 없다. 담판 상황에서도 마찬가지다. 숙고할 시간이 필요하다면 담판을 잠시 중단해도 좋다. 상대방 역시 자신을 추스를 시간이 필요할 것이다. 잠시 중단했다가 다시 담판을 재개해보라. 첫 번째 대립에서 뿌린 씨앗이 두 번째 대립에서 열매 맺음을 확인하게 되리라. 그러므로 잠시 중단한다고 해서 문제될 건 없다. 오히려 또렷한 눈과 감으로 담판에 임할 수 있다. 때로는 끈기와 인내도 필요하다. 물론 내용면에서 혹은 몸짓에서 거짓말의 징후를 발견했다면 올바른 질문 기술로 대응해야 한다. 실제 활용 면에서 볼 때 올바른 질문 기술만큼 담판의 승리에 결정적인 것은 없다.

담판 기술 체크리스트

① 준비를 철저히 하라.

② 담판에서 빠지기 쉬운 전형적인 함정 베스트 10을 막아라.

③ 상황을 정확히 파악하고 양측의 진짜 관심을 인식하라.

④ 상대방의 몸짓과 표정을 관찰하라.

⑤ 진술 내용의 진실성을 점검하라.

⑥ 질문하라.

⑦ 목적의식적으로 질문 기술을 활용하라.

⑧ 내면의 목소리를 무시하지 마라. 내면의 목소리를 믿어라.

⑨ 담판에는 정답과 오답이 없다. 그러니 실수를 두려워 마라.

여담: 중요한 내용 기록하기

정확한 진술 내용을 나중에 확인할 일이 생길 수도 있으므로 중요한 내용은 기록해두어야 한다. 즉 담판 내용을 문서화해야 한다. 다소 옛날 방식 같은 느낌도 들겠지만 기록하는 태도는 도움을 주면 주었지 절대 해가 되지는 않는다. 기록을 해두면 진술 내용을 잊을 걱정도 없고 그야말로 확실히 '잡아두는' 것이다. 또한 나중에 유용하게 활용할 수도 있다.

진술 내용을 정리하여 중요하지 않은 것은 버리고 중요한 것만 골라 기록하여 만든 문서는 이른바 당신의 작품이다. 당신의 목표 리스트와 일치하는 것, 담판에 유용한 것, 상대방에게 중요한 진술들만 골라 기록하라. 당신의 작품은 얇지만 일목요연하며 중요한 내용은 다 들어 있다.

뿐만 아니라 기록을 해두면 중요한 내용들을 잊을 걱정이 없기 때문에 안정감을 얻을 수 있다. 또한 기록하는 행위는 막대한 부가효과를 낸다. 기록하는 당신을 본다면 상대방은 나중에 꼬투리가 되지 않도록 경솔한 진술을 삼갈 것이다. 상대방은 진실을 말할지 거짓을 말할지 더 신중하게 숙고할 것이다. 그러므로 담판의 문서화는 혹 계획했을 수도 있는 상대방의 속임수나 거짓말을 막는 위협 효과도 낸다.

4장

인생은 지금 전쟁 중

18

실전에 앞서
_협상은 기술이 아니라 사람이다

지금까지 배운 기술의 도움으로 당신은 스스로를 변호하는 훌륭한 변호사가 되었다. 지금까지 당신은 목표를 발견하는 법, 올바른 전략을 선택하는 법, 영리한 질문법, 거짓말을 밝혀내는 법을 배웠다. 당신이 알아야 할 것은 모두 배웠다. 남은 건 배운 기술을 쓰는 일뿐이다.

애석한 일이지만 당신은 편안하고 즐거운 상황이 아니라 힘들고 흥분된 대립 상황에서 이런 기술들을 쓰게 된다. 긴장되는가? 당연하다. 대립 상황에서는 다들 떨리기 마련이다. 노련한 변호사들조차도 대립과 갈등 상황에서는 떨리고 긴장된다. 그러나 담판에서 가장 중요한 것은 대립에 임하는 사람이다. 담판에 임하는 사람이 잘못 처신하고 반응한다면 제아무리 좋은 기술을 알아도 아무 소용이 없다. 말하자면 결론은 사람이다!

19

준비된 신뢰
_행동이 당신을 말하게 하라

담판에 임하는 사람에 비하면 훌륭한 주장이나 적발된 거짓말은 사실 부차적인 문제다.

　게다가 현대는 내용으로만 승부하는 시대가 아니다. 겉으로 보이는 시각적 효과가 성공을 좌우한다. 그러므로 담판 자리에 어떤 모습으로 등장할지 신중하게 선택해야 한다. 등장할 때 주는 인상이 당신의 인격을 결정하고 당신이 펼칠 주장에 영향을 미친다. 그러므로 내적으로는 담판에 필요한 기술을 갖추고 외적으로는 당당한 모습을 보여야 한다. 행동과 태도에는 항상 자신감이 넘치고 신뢰가 느껴져야 한다. 이것을 보이지 못한다면 아무리 타당한 주장이라도 성공을 보장할 수 없다. 주장의 성공은 한 인격체로 선 당신에게 달렸다.

당신의 관심을 정직하게 알려라

광고가 정말 필요하긴 한 걸까? 아니면 정당한 주장을 당당하게 펼치는 것으로 충분할까? 광고 전략을 가르치고 그것이 성공을 약속한다고 선전하는 전문가가 이미 아주 많기 때문에 함부로 단언하기 어려운 문제다.

소위 성공의 효과적인 도구가 된다는 수많은 광고 전략들은 관련된 책의 면수를 채우는 데는 그 나름대로 쓸모가 있는 것 같다. 당신도 틀림없이 그런 책들을 접했을 테다. 수많은 전문가들이 경쟁하듯 다양한 광고 전략들을 소개하고 각각의 효과를 설명한다.

지금 당장 우리에게 필요한 것이 정말 광고일까? 사람을 중심에 두는 기획으로는 부족한 걸까? 광고는 결과와 100퍼센트 일치해야 하는 문제가 있다. 광고한 내용과 결과가 일치하지 않으면 실망을 주게 되고 예전에 힘들게 일하여 쌓은 용기를 무너뜨리게 된다.

직장생활에서 쉽게 만나는 예를 하나 들어보자. 당신은 분명 영사막에 띄운 화려한 파워포인트 기술로 죄중을 사로잡는 프레젠테이션을 본 적이 있으리라. 사진과 자료들이 마치 폭죽처럼 영사막을 수놓는다. 그런데 온갖 기술적 트릭과 프레젠테이션 기법에도 불구하고 날아오른 폭죽이 터지지 않는 일이 종종 발생한다. 매우 흥미로운 주제임에도 불구하고 프레젠테이션이 지루하기까지 하다. 무엇이 원인일까? 기술이나 기법에는 아무 문제가 없다. 그러니 원인은 프레젠테이션을 맡은 사람이다! 그리고 당연히 그는 사면초가에 빠졌다. 이런 경우 대부분은 폭죽에 불을 붙일 불꽃, 즉 주제에 대한 열정이 부족하다. 발표자는 자신을 믿지 못하고 프레젠테이션 주제에도 관심이 별로 없다. 그야말로 대재앙이다. 발표자도 프레젠테이션도 아무 효과를 주지 못한다. 발표를 훌륭하게 했다면, 아무리 훌륭한 프레젠테이션이라도 발표한 사람이 높여지지 프레젠테이션 자체가 사람을 앞서지 못한다. 그럼에도 불구하고 당신은 극장에서 영사기를 돌리는 사람으로 남고 싶은가? 당신은 숨고 화려한 프레젠테이션만 앞에 내세울 작정인가? 그러면 사람들은 영화만, 즉 프레젠테이션만 본다. 그러나 만약 사람이 무대에 오르면 바로 시선은 그 사람에게 주목된다.

대립 상황에서 무대 한복판에 서야 할 사람은 당신이다! 당신이 주장을 하고 관심을 밝힌다! 이 점을 잊지 마라! 이때 폭죽을 터뜨릴 불을 가져가야 한다. 그것이 결정적인 요소다. 당신의 관심과 주제에 대한 열정이 폭죽에 불을 붙일 테고 터보 엔진에 시동을 걸어줄 것이다.

나는 광고 전략을 쓰지 말라고 권하고 싶다. 광고에 쓸 에너지를 차라리 당신 자신에게 써라. 당신 자신에 비하면 기술적인 세부 내용은 그리 중요한 게 아니다. 그렇다고 담판 기술들을 그냥 무시해버려도 좋다는 뜻은 절대 아니다. 다만 당신이 스스로를 믿지 못한다면 담판 기술도 아무 소용이 없다는 말이다.

당신이 할 일은 뒤에 숨지 않고 앞에 나서는 것이다. 당신이 무대에 서기만 하면 모두가 당신에게 귀를 기울일 것이다.

올바른 등장

관심을 끌기 위한 광고 전략을 중요하게 여기지 않는 나이지만, 등장할 때만큼은 당당한 한 인격체로 보이도록 전략을 짜라고 권한다. 등장하는 순간 어떤 인상을 주느냐가 성공을 좌우하기 때문이다. 옷 입는 전략뿐 아니라 몸짓과 표정 모두를 고려해야 한다. 표정과 몸짓, 의복이 담판 주제와 잘 맞아야 한다. 그러면 당신은 성공적인 등장을 한 것이고 담판에서도 유리한 위치에 서게 될 것이다.

올바른 복장

"옷이 사람을 만든다"는 속담도 있듯이 올바른 복장을 갖춰 입는 것은 대단히 중요하다. 그렇기 때문에 의식에 따라 적합한 '의상'이 다 있는 법이고 어쩌다 서랍장 구석에서 때를 기다리는 옷들이 있는 것이다. 복장이 곧 인성이 되었다. 예를 들어 은행원들은 정확하고 진지함을 보이는 유니폼을 입는다. 설령 실제로 정확하거나 진지하지 않은 사람이라도 금융계에서 일하고 싶다면 그렇게 입어야 한다. 은행 고객들은 정확하고 진지한 은행원을 원하며 그런 인성이 금융계에서는 중요한 성공요소이기 때문이다.

뉴스 앵커나 정치가를 생각해보라. 이들은 내게 성상 자리으로 등장한다. 그렇다면 당신도 이들처럼 입어야 할까? 아니면 입으면 기분이 좋아지는 옷이나 평상시 즐겨 입는 익숙한 옷을 입어야 할까? 아끼는 청바지와 헐렁한 티셔츠 혹은 편한 운동복은 어떨까?

올바른 복장을 확정하기 위해 먼저 운동복 차림으로 내각회의에 나온 대통령을 상상해보자. 분명 우스꽝스러운 장면이다. 물론 자연스러움이나 친근함이라는 보너스가 있을 수도 있겠지만 이런 모습에서 진지함이나 신뢰감 혹은 존중을 찾아보긴 힘들다. 그러므로 이런 복장으로 자신과 자신의 주장이 진지하게 받아들여지기를 기대할 수는 없다. 내각회의에 가는 진짜 목표를 생각한다면 대통령은 분명 진지하게 받아들여져야 하고 그의 주장 역시 마찬가지다. 그러니 목표에 맞게 진지함이 묻어나는 복장을 갖춰야 한다.

당신의 경우도 마찬가지다. 어떤 옷을 입었을 때 진지함이 묻어나는지 잘 생각해보라. 그 옷이 바로 당신이 선택해야 할 올바른 복장이다.

양복에 넥타이가 항상 올바른 건 아니다. 당신의 입장과 역할을 살펴 그에 맞는 복장을 선택해야 한다. 이때 상대방과 대중들의 기대도 고려해야 한다. 예를 들어 변호사에게는 정장에 넥타이를 기대한다. 하지만 수리공에게는 아니다. 수리공이 정장에 넥타이를 하고 온다면 오히려 의심스러울 것이다. 그러므로 복장은 언제나 지위에 맞춰야 한다.

그러나 지위보다는 당장의 역할이 더 중요하다. 같은 수리공이라도 맡은 역할을 봐야 한다. 수리 능력이나 그와 관련된 주제를 다루는 자리라면 작업복을 입는 것이 좋으리라. 그러나 만약 축구 동호회 대표 자격으로 등장하는 것이라면 그 역할에 맞춰 옷을 입어야 한다. 그러니까 동호회 대표에게 기대되는 옷을 입어야 한다.

명확한 '복장 규칙'이 없기 때문에 어떤 옷이 지위와 역할에 맞는 옷인지 확실하지 않을 때도 있으리라. 그럴 땐 어떻게 입어야 할까? 간단하다. 상대방이나 관찰자의 입장이 되어 당신에게 기대하는 것이 무엇일지 생각해보라. 아니면 그냥 믿을 만한 사람에게 물어도 된다. 틀림없이 올바른 복장을 알려줄 것이다.

올바른 몸짓

몸짓은 대단한 효과를 가졌다. 무의식적인 몸짓도 효과를 내겠지만 의식적으로 만든 몸짓도 종종 효과가 있다. 그러니 의식적으로 몸짓을 연습하여 활용하라.

만들어낸 몸짓이지만 역시 광채를 내는 올바른 몸짓이 돌파구를 마련하기도 한다. 과장된 몸짓이 아니라 상황에 맞는 올바른 표정이 목표를 이루게 한다. 올바른 몸짓으로 당신은 당당함을 보이고 유리한 입장에 선다. 물론 당신은 정직해야 하고 몸짓과 인성이 잘 맞아야 성공도 얻을 수 있다. 인성과 몸짓이 맞을 때라야 정직한 사람으로 인식되고 진지하게 받아들여지기 때문이다. 그러므로 정직함을 바탕으로 몸짓과 표정을 관리하라.

몸짓과 표정을 관리할 때는 항상 상황에 맞춰야 한다. 대립은 확실히 진지하고 재미없는 상황이다. 그러니 진지하게 등장해야 한다. 명랑함은 분위기 파악을 못 하는 사람처럼 보일 것이다. 표정에서도 이것을 명심하라.

대립 상황에서는 어떤 몸짓이 좋을까? 기본적으로 침착하고 객관적인 몸짓이어야 한다. 그래야 진지하게 받아들여진다. 원래 침착하고 신중한 성격이라면 침착하게 보이는 것이 그리 어렵지 않으리라. 그러나 만약 다혈질이라면 어떻게 한단 말인가? 그렇더라도 본성을 감추고 침착한 척 연기하는 것이 도움이 될까? 기본적으로 침착함은 도움이 된다. 하지만 너무 과하게 감정을 억누르지는 말라. 그렇게 되면 당신은 더 이상 당신이 아니고 결국 모든 것이 비주체적이게 된다. 침착성보다 더 중요한 것이 주체적으로 보이는 것이다! 감정이 궤도를 벗어나지만 않는다면 솔직하게 감정을 드러내도 좋다. 당연히 욕설이나 그 밖의 이상행동은 금물이다. 고삐가 풀린 폭발이나 고함은 막아야 하지만 목소리를 높여서 말할 수 있고 다소 인상 깊은 표현을 써도 좋다. 목소리를 높이되 한계를 넘어 고함이 되어서는 안 된다. 또한 위협적이거나 냉소적으로 보이지 않는다면 활기찬 몸짓과 표정도 괜찮다. 그런데 상대방이 이성을 잃고 욕을 하거나 고함을 치면 어떻게 해야 할까? 절대 맞서서는 안 된다. 그저 고함이 거슬린다고 말하라. 고함으로는 어떤 해결책도 찾을 수 없다고 침착하게 당신의 생각을 말하라. 그래도 여전히 상대방이 고함을 치고 욕을 한다면 담판을 중단하고 다음으로 미뤄라. 당신은 아무것도 잃지 않는다. 왜냐하면 상대방은 고함을 쳐서 얻은 게 아무것도 없기 때문이다.

전혀 흥분하지 않은 것처럼 보이도록 노력하라. 이것은 권위 있어 보이게 한다. 권위는 항상 강함의 표시다. 상대방은 당신에게 강한 인상을 받는다.

내가 변호사다

그러므로 개인 인격체와 맞닥뜨린 상황을 바탕으로 등장 형식과 모습을 결정해야 한다. 또한 담판에 임할 때 취해야 할 태도를 직업으로 표현할 수도 있는데, 바로 변호사다. 당신이 당신의 변호사여야 한다. 변호사로서의 역할을 충실히 이행해야 한다. 변호사가 필요한 상황, 즉 갈등과 대립 상황에서 스스로 변호사가 되라. 변호사는 항상 의뢰인 편에서 의뢰인의 관심과 욕구를 대변한다. 잘 준비된 변론으로 의뢰인을 소개하고 의뢰인의 이야기를 대변한다. 변론의 내용은 당연히 의뢰인의 인성에 맞췄으므로 신뢰를 주고 주체적으로 보인다. 당신이 몸에 익혀야 하는 것 역시 바로 이것이다. 자신의 관심과 욕구를 위해 싸우는 신뢰할 만한 주체적인 변호사가 되어야 한다. '내가 변호사다'라는 생각으로 담판에 임하라. 자신을 위한 변호사가 되라! 앞에서 소개한 변호 기술들로 무장하고 승리의 길로 나아가라!

담판이라는 연극에서 '변호사' 역을 맡았다면 이제 연습을 해야 한다. 무대에 오르기 전에 충분히 연습을 해야 한다. 무대 공연만큼이나 연습 역시 무척 재미있다!

연습 중에서 가장 흥미로운 하이라이트는 역시 배우들의 등장이다. 나와 함께 일하는 슈테펜은 믿을 만한 배우이자 캐스팅 감독이며 연기 지도자다. 몸짓과 동작을 보는 그의 눈은 이 분야에서 거의 전설로 통한다. 슈테펜은 대립 상황에서 어떻게 자신을 표현해야 하는지 사람들에게 시범을 보이고 따라하게 한다. 맡은 역할에 맞게 훈련을 시킨다. 각자의 인성에 맞는 몸짓을 연습하고 그것을 변호사 배역에 맞게 다듬는다.

체크리스트

① 인성을 몸짓에 맞추지 말고 몸짓을 인성에 맞춰라.
② 주체적이어야 한다.
③ 상황에 맞게 대처하라.
④ 침착성과 객관성을 유지하라.
⑤ 그러나 어느 정도의 강한 인상은 풍겨도 좋다.
⑥ 흥분하지 않는 평정심으로 권위를 발산하라.
⑦ '내가 변호사다'라는 자세로 담판을 준비하고 임하라.

20

공격과 후퇴의 순간
_무모한 도발은 손해를 부른다

우리는 이제 가장 중요한 요점에 와 있다. 내면은 싸움을 위해 반드시 필요한 힘과 에너지의 원천이다. 대립을 시작하기 전에 먼저 힘을 키워야 하는 것은 물론이요, 그 힘을 바르게 쓰는 법도 익혀야 한다. 잘못된 결정을 막으려면 자신의 힘을 제대로 가늠할 줄 알아야 한다. 자신의 힘을 가늠해보고 그것을 바탕으로 공격과 후퇴를 결정하게 된다. 알다시피 싸움에서 공격과 후퇴의 결정은 가장 중요한 문제다. 이렇게 중요한 공격과 후퇴를 바르게 결정하려면 그 기준이 되는 개인의 힘을 잘 알아야 한다. 식당 종업원에게 봉사료를 갈취 당하고도 감히 따지지 못했던 권투선수 카를을 기억하는가? 카를의 다음 이야기로 공격과 후퇴의 순간을 가늠해보자.

무모한 공격, 머리로 벽을 들이받다

카를은 신구와 함께 마을 축제를 즐기고 있었다. 둘은 세계에 자랑할 만한 시원한 맥주와 맛좋은 소시지를 먹기로 했고 간이 천막으로 가 주문을 했다. 민속 축제의 간이천막 식당이 다 그렇듯 이곳에서도 둘은 계산을 먼저 하고 음식이 나오길 기다려야 했다. 카를이 배식구에서 기다리는 동안 친구는 자리를 맡고 있었는데 어쩌다 옆 테이블 손님과 싸움이 붙었다. 한눈에 봐도 벌써 꽤 취해 보이는 옆 테이블 손님은 비틀대며 욕을 해댔다. 친구는 자신의 정당성을 조목조목 주장하느라 애를 썼지만 상대방이 워낙 막무가내라 소용이 없었다. 급기야 술 취한 손님은 몸을 가누지 못하고 바닥에 주저앉았다. 그리고 모든 일이 순식간에 터졌다. 안전요원들이 나타나 싸움이 붙은 두 사람을 천막 밖으로 끌어냈다.

그때 카를은 막 맥주와 소시지를 받아 들었다. 같이 온 친구가 끌려 나간 상황이라 카를은 서둘러 음식을 먹어치우고 뒤따라갈 작정이었다. 그러나 맥주를 입에 대기도 전에 안전요원이 돌아와 천막에서 나가달라고 요청했다. 주먹다짐을 해서 천막 분위기를 어지럽힌 사람의 동행이니 천막에 있을 수 없다는 설명이었다. 어차피 빨리 먹고 나갈 작정이었고 여하튼 음식 값을 낸 상태니 먹을 권리가 있지 않느냐고 친절하게 대답했다. 안전요원은 카를의 말을 끊고 당장 나가라고 윽박질렀다. 카를도 맞서며 돈을 냈으니 먹어야겠다고 고집했다. 안전요원들은 갑자기 카를을 번쩍 들더니 천막 출입구 쪽으로 끌고 나갔다. 출입구 근처에서 카를은 몸부림 끝에 겨우 안전요원들의 손아귀에서 풀려났다. 화가 잔뜩 난 카를은 고래고래 소리쳤다. "돈을 냈으면 음식을 줘야지, 이게 무슨 경우야. 돈을 돌려주든지 아니면 끝까지 먹도록 내버려두란 말이야! 이건 도저히 못 참아. 내가 가만히 있을 줄 알아?" 안전요원들이 다시 그를 붙잡아 끌고 나갔다. 카를은 계속 소리쳤다. 안전요원들은 카를이 권투선수임을 알았고 그래서 더욱 강하게 그를 압박했다.

카를은 이대로 물러나고 싶지 않았다. 얼마 전 식당에서 있었던 봉사료 사건이 생각났고 이번에는 그렇게 맥없이 물러서고 싶지 않았다. 그 사이 안전요원 수는 더 늘었고 그들은 카를을 때리기 시작했다. 카를이 바닥에 쓰러지자 몇몇이 발로 차기 시작했다. 카를은 얼굴을 가린 채 바닥에 엎드려 있었다. 한참 후 안전요원들은 쓰러진 카를을 버려두고 그 자리를 떠났다. 카를은 많이 다쳤다. 당연히 그는 안전요원들을 고소했고 소송이 열렸다. 카를은 증인으로 출두하여 사건 경위를 진술해야 했다. 정확히 누가 그를 때렸는지 말하라는 판사의 물음에 카를은 당황했다. 크게 다치는 일을 막기 위해 손으로 얼굴을 가린 채 고개를 숙이고 바닥에 엎드려 있어서 때리는 사람들을 보지 못했기 때문이다. 결국 안전요원들은 무죄로 석방되었고 카를은 화가 났지만 어쩔 수 없었다. 판결문에 의하면, 원고는 누가 자신을 때렸는지 명확히 말하지 못하기 때문에 불확실할 때는 피고인에게 유리하게 판결한다는 '무죄 추정 원칙(In Dubio Pro Reo)'에 따라 피고인 모두를 무죄 석방한다는 것이었다. 명확한 증언이 없기 때문에 결국 모두가 죄인일 수도 있고 아무도 죄인이 아닐 수도 있는 상황이란 얘기였다. 결국 카를은 패했고 화가 나서 법정을 떠날 수밖에 없었다.

힘 비교하기

카를의 사례에서 볼 수 있듯이, 갑자기 닥친 대립일 때 특히 중요한 것이 힘의 비교다. 카를은 안전요원의 수와 신체조건의 우세를 인식하고 정면대결이 아닌 다른 방법을 택해야 했다. 무조건 버티며 화를 내기보다는 주인과 대화를 했어야 했다. 카를의 관심과 욕구(음식 값 환불 혹은 끝까지 식사를 마치기)를 채우는 데는 그편이 더 나았으리라. 주인도 안전요원과 똑같은 반응이었다면 바로 경찰에 연락하는 방법도 있었다. 어느 쪽을 택했든 적어도 폭행을 당해 다치는 일은 없었으리라.

그러므로 대립 상황에 처하면 가장 먼저 힘을 비교해야 한다. 여기서 힘이란 신체적 힘만 뜻하는 게 아니다. 대립 상황이 늘 신체적 대립만 있는 것도 아니고 어차피 당신이 이 책에서 기대하는 것도 신체적 대립에 대한 안내가 아닐 터이다. 언쟁에서도 힘의 비교가 필요한데 이때 비교해야 할 힘이 고유한 힘이다.

이제부터 당신이 지닌 고유한 힘에 대해 알아보자. 먼저 고유한 힘의 의미와 담판에서의 중요성을 배울 것이고, 그 다음엔 고유한 힘을 측정하여 다른 사람의 힘과 비교하는 것도 배울 것이다. 자기의 힘을 알고 상대방의 힘과 비교할 수 있으면, 한편으론 '마구잡이로 얻어터져 코피를 흘리는 일(당연히 은유적 표현이다)'을 피할 수 있고 다른 한편으론 당신이 더 강하다는 것을 알기에 자신 있게 주장을 펼치고 관철시킬 수 있다.

스스로 강해져야 하는 까닭

아주 간단하게 표현하면, 성공은 기술이 아니라 당신 자신에게 달렸다. 달리 표현하면, 갈등 및 대립 상황에서 사람은 가장 약한 구성요소이자 동시에 가장 강한 구성요소다.

말하자면 수사학적 기술과 요령들은 사람이 쓰는 도구에 불과하다. 당신은 분명 이런 도구들이 필요할 터이다. 그러나 기술과 요령들을 단순히 읽고 또 읽는다 하여 필요할 때 정확히 활용할 수 있는 건 아니다. 인생의 모든 일이 그렇듯 이것 역시 연습과 경험이 필요하다. 변호사들은 수많은 담판과 법정 소송을 통해 이것을 경험하고 연습한다. 변호사로서 내가 경험한 바에 의하면, 법적 권리는 그저 이정표 구실만 하고 판결 역시 법전에 적힌 것과 전혀 다르게 나는 경우가 종종 있다. 어쩌면 당신도 벌써 이런 경험을 직접 했을지도 모르겠다. 권리를 갖는 것과 권리를 행사하는 것은 별개다.

그래서 "어차피 협상하기 나름이다"라는 말이 흔히 통용된다. 법의 맥락에서 협상이란 어쨌든 양측 모두 인정하는 중간을 참는 일이다. 당신이 100퍼센트 옳다는 확신이 늘 때는 협상이 못마땅하고 손해를 보는 기분이 들 수도 있다. 그래서 협상을 거부하고 싶을 수도 있다. 그러나 법정에서뿐 아니라 거의 모든 담판과 논쟁에서 당신은 협상할 수밖에 없다. 그러므로 따지지 말고 그냥 좋은 협상법을 익혀라. 협상을 잘하려면 강해야 한다. 당신이 강한 사람이라면 주장과 욕구를 말할 때 힘을 보여주면 된다. 당신을 강하게 하는 것이 오직 법적 권리나 정당성만은 아니다. 오히려 유리한 권리를 행사할 수 있도록 상황을 조종하는 능력이 당신을 강하게 한다. 그리고 바로 그것이 변호사의 역할이며 그들의 도구는 증거와 진실이다. 변호사는 진실을 밝혀내고 증명할 줄 알아야 한다. 또한 공격을 방어할 수 있어야 한다. 진실이 밝혀지지 않는다면, 커뮤니케이션 전문가들이 제시하는 수사학적 기술이나 얕팍한 요령만으로는 부족하다. 거짓을 이길 수 있는 것은 진실뿐이다. 그래서 당신은 거짓말을 적발하고 진실을 밝히는 변호사들의 기술을 앞에서 배운 것이다. 게다가 당신이 강한 사람이면 어떻겠는가? 거짓과 속임수를 밝혀내는 기술을 가졌고 강하기까지 한 당신을 감히 누가 대적할 수 있겠는가?

고유한 힘을 발휘할 수 있는가?

고유한 힘! 이것은 자기주장의 알파요 오메가다. 나는 법정 소송에서 고유한 힘을 전혀 발휘하지 못하는 변호사들을 여럿

보았다. 이들은 법조인일 수는 있겠지만 결코 변호사일 수는 없는 사람들이다. 고유한 힘을 발휘하느냐 못 하느냐는 미세한 차이지만 매우 결정적인 차이다. 관심과 욕구를 성공적으로 대변하려면, 법과 최근 판례들을 줄줄 외는 것만으로는 부족하다. 변호사가 한 인격체로서 고유한 힘을 발휘하지 못한다면 원하는 결과를 얻을 수 없다. 법적 정당성 하나만으로는 성공할 수 없다.

법정에서 내 순서를 기다리는 동안 경험했던 한 이야기를 들려주고 싶다. 변호사로 일하다보면 법정에서 기다리는 일이 흔히 생기는데, 주로 방청석에 앉아 동료들의 소송을 지켜보며 시간을 보낸다. 간단한 소송일 경우엔 동료 변호사와 환담을 나누기도 한다. 어쨌든 나는 방청석 맨 앞줄에 앉아 진지하게 소송을 지켜보았다. 배상금 요청과 그 지불에 관한 소송이었다. 그런데 뭔가 이상한 기류가 느껴졌다. 공기가 둘로 나뉘었다. 한쪽 변호사는 눈을 가늘게 뜨고 공격을 준비하며 기대에 찬 표정으로 자료들을 힘차게 넘겼다. 옆에 앉은 그의 의뢰인은 자기 변호사의 당당한 모습에 흡족해 했다. 공격적인 변호사는 심지어 약간 비장해 보이기도 했는데, 마치 이렇게 말하고 있는 듯했다. "내가 얼마나 대단한 변호사인지 모두들 잘 보라고!"

한편 반대쪽 변호사는 허리를 잔뜩 웅크리고 앉아 머리를 숙이고 뭔가를 말하려고 애쓰고 있었다. 그러나 뭔가 말을 시작하면 바로 상대민 변호사가 끼어들어 "어서 그것은 증명해야 합니다" 혹은 "그건 지어낸 얘깁니다" 같은 말로 저지하기 일쑤였다. 말이 자꾸 끊기는 바람에 주장을 제대로 펼 수가 없었다. 머리를 숙이고 자리에 앉아 있는 불쌍한 동료에 대해 동정심이 생겼는지 급기야 판사가 나서서 얘기를 좀 끝까지 들어보자고 청했다. 공격적인 변호사는 더 이상 끼어들지는 않았지만 불타는 시선으로 상대 변호사를 노려보았다. 그의 눈은 이미 승리의 환희로 빛났다. 그는 자신의 승리를 확신하는 것 같았다. 어차피 법정에 있는 사람들 모두가 그렇게 생각했다. 어깨를 움츠린 변호사는 의뢰인의 정당성을 주장하며 판례의 한 부분을 침착하게 낭독했다. 그리고 자신의 관점을 근거와 함께 조목조목 제시했다. 이때 나는 매우 놀랐는데, 예상과 달리 그의 변론은 논리 정연하게 잘 구성되었기 때문이다. 변론 내용만으로 보면 소송을 이기는 것이 정당했다.

판사는 고개를 끄덕여 인정의 뜻을 표하고 반대편 변호사에게 시선을 돌렸다. 그는 벌떡 일어나 변론을 시작했다. 그리고 끝에 덧붙이기를, 만약 법정이 상대방의 손을 들어준다면 그것을 결코 받아들이지 않을 것이며 몇 년이 걸리더라고 상소하여 모든 것이 오류였음을 밝히겠다고 위협적으로 단언했다. 그리고 상대방이 요청한 배상금의 3분의 1만 인정할 것이며 더 이상은 절대 안 된다고 못을 박았다. 나는 다른 변호사의 주장을 상기했다. 법적 권리만 순수하게 따진다면 청구 금액 전부를 배상해야 마땅했다. 나는 상대편이 어떻게 대응할지 몹시 궁금했다. 나를 포함해서 법정에 있는 모든 사람들이 흥미진진한 표정으로, 초조하게 다리를 떨고 있는 변호사를 쳐다보았다. 과연 뭐라고 할까?

그런데 아주 특이한 일이 벌어졌다. 옆에 앉은 의뢰인이 변호사는 쳐다보지도 않은 채 "3분의 1 조건을 받아들이겠습니다"라고 말한 것이다. 판사는 다시 한 번 진술을 확인했다. 벌써 상대편 변호사는 만족하여 열심히 고개를 끄덕였다. 결국 청구 금액의 3분의 1을 배상하는 것으로 판결이 났다. 솔직히 나는 소송 결과에 놀라기도 했고 화도 났다.

내가 맡았던 재판을 끝내고 법원 식당으로 갔는데, 빈자리를 찾던 중 아까 보았던 의뢰인이 혼자 앉아 커피를 마시고 있는 걸 발견했다. 다른 빈자리를 못 찾은 까닭에 어쩔 수 없이 그가 앉은 자리에 합석했다. 나는 아는 척하지 않고 조용히 앉아 점심을 먹었다. 그는 조용히 앉아 마음을 달래고 싶어 하는 것 같았다. 얼마 후 그가 말을 걸었다. "아까 재판할 때 같이 있었죠?" 커피를 두 모금 마시고 나서 말을 이었다. "맨 앞자리에 앉은 걸 봤습니다." 나는 그렇다고 답했다. 그는 자기에게 생긴 일을 자세히 설명했다. 그리고 세상에 정의라는 건 없다며 한숨을 쉬었다. 모든 정황과 법적 권리가 본인에게 유리함에도 불구하고 어째서 상대편의 어처구니없는 제안을 변호사와 상의도 없이 받아들였냐고 묻자 커피 잔을 내려놓고 처음으로 나를 똑

바로 보며 말했다. "왜냐고요? 더는 내 변호사를 믿을 수가 없더라고요. 그래서 내 마음이 시키는 대로 구조낙하산을 펼친 거죠." 실제로 그는 자신의 결정을 후회하는 것 같지 않았고 오히려 마음이 편해 보였다.

21
승리의 열쇠는 진정성이다
_나만의 강점 체크리스트

고유한 힘을 발휘하지 못한다면 어떤 기술과 요령을 가졌더라도 자기주장을 효과적으로 펼치기 어렵다. 갈등과 대립 상황에서 성공적으로 자기주장을 펴기 위한 첫걸음은 자기 자신을 살피는 것이다. 그러므로 먼저 당신 자신을 살피고 당신이 가진 강점을 찾아라. 그것이 성공전략의 기반이다. 자신의 강점을 찾는 일은 그리 어렵지 않을 터인데, 분명 무엇이 강점이고 약점인지 이미 잘 알고 있기 때문이다.

강점을 탐구하기 전에 먼저 약점에 대해서부터 살펴보자. 대립 상황에 처했을 때 과연 개인적인 약점(혹은 약점이라고 오해하는 부분)을 어떻게 처리해야 할까? 해답은 간단하다. 다툼 문화를 경기장에 비유했던 걸 기억하는가? 같은 비유로써 개인적인 약점을 어떻게 처리할지 설명하겠다. 우리는 약한 선수를 경기장에 내보내지 않는다. 그랬다간 게임에서 길게 떨어지기 때문이다. 스포츠팀 감독이 벤치에 앉아 있는 후보 선수 때문에 경기에 졌다고 말하는 것을 들어본 적이 있는가? 당연히 없을 것이다. 갈등 상황에서도 마찬가지다. 약점은 그냥 벤치나 관중석에 앉아 있도록 두면 그만이다. 그리고 강점만 경기에 내보내면 된다!

이제 당신은 약점(다행히 당신은 약점을 가졌다. 그렇지 않다면 당신은 인간이 아닐 테니까)을 경기장에서 내보냈다. 강점들로만 팀을 구성했다. 하지만 어떤 선수가 어떤 포지션에서 뛰어야 할까?

당신이 축구 감독이고 수비수보다 공격수가 더 많다고 가정해보라. 어떤 전략을 짜겠는가? 당연히 팀의 강점을 살려 공격적인 축구를 하고 그로써 수비의 약점을 보완하고자 할 것이다. 어차피 골을 많이 넣은 팀이 이기는 게 아니던가! 5대4로 이기든 4대0으로 이기든 승패를 따지는 데는 그리 중요하지 않다. 중요한 것은 이겼다는 것이다.

반대로 수비실력이 좋은 팀이라면 수비 위주의 경기를 펼쳐 1대0으로 이길 수도 있으리라. 어떤 전략으로 임하든지 이긴다는 결과는 똑같다. 중요한 것은 스코어가 아니라 이겼다는 사실이다.

전략의 차이는 강점에 달렸다. 공격 축구를 할지 방어 축구를 할지는 오직 팀의 강점에 따라 결정된다. 비유대로라면 당신이 곧 팀이고 당신의 강점이 당신을 강하게 하여 승리로 이끌 것이다. 그러므로 강점을 발견하고 그것을 바탕으로 성공전략을 짜라!

고유한 힘의 공식

고유한 힘이란 도대체 무엇인가? 고유한 힘의 구성요소는 무엇일까? 이제부터 나는 이러한 질문들에 대한 개인적인 생각을 설명하려 한다.

고유한 힘은 자기주장의 열쇠다. 갈등 상황에서 추진력을 제공할 뿐 아니라 대립에서 승리할 수 있는 성공전략을 가능케 한다. 갈등과 대립 상황에서는 상대방의 고유한 힘 또한 중요한 요소다. 상대방의 강점을 알고 그것에 맞춰 전략을 짜야 한다. 대립하는 두 나라가 서로 경쟁적으로 스파이를 보내는 것도 상대 나라의 강점을 알아내기 위함이다. 스파이를 통해 얻은 정보는 글자 그대로 '전쟁'에 유용하다. 물론 개인의 대립과 나라 간의 전쟁은 그 차원이 완전히 다르지만 배울 것도 많다. 왜냐하면 전쟁도 어차피 사람에 의해 벌어지는 일이라 개인의 대립과 전쟁은 귀납적 관계이기 때문이다. 카를 폰 클라우제비츠는 《전쟁론》에서 이렇게 썼다. "그러므로 전쟁은 상대를 위협하여 자신의 욕구를 채우려는 폭력 행위다." 이 정의를 곰곰이 생각해보면, 실제로 개인 간의 모든 갈등 안에 이미 전쟁의 기본 요소가 포함되었음을 알게 될 것이다. 그리고 당신이 겪었던 대립 상황들을 상기하게 되리라. 스스로 판단하기에 또 상대방의 입장에서 보기에도 유리한 위치를 차지하려면 어떻게 해야 할까? 고유한 힘을 강하게 키우려면 어떻게 해야 할까? 이것을 설명하기에 안성맞춤인 간단한 공식 하나를 소개하겠다. 나는 이것을 '고유한 힘의 공식'이라 부른다.

(능력 + 존중 + 통제력) × 자신에 대한 믿음 = 고유한 힘

공식만 알아서는 문제 풀이에 아무 도움이 안 된다는 걸 우리는 이미 학창시절부터 잘 알고 있다. 그러니 이 공식을 짧게나마 설명할 필요가 있겠다. 공식에 등장하는 순서대로 각각의 개념(항)을, 내가 변호사로 일하면서 경험하고 얻은 관점을 토대로 설명할 예정이다. 공식을 구성하는 각 항은 대립 상황에서 등장하는 힘을 표현하는 적당한 낱말을 내 생각에 맞춰 선택한 것이다. 그러므로 낱말들은 다른 표현으로 대체될 수도 있다. 그러나 각 낱말이 대표하는 4가지 힘은 대체할 수 없는 필수 항목이다. 각 항에 힘의 크기를 입력하여 간단한 연산을 거치면 고유한 힘을 산출할 수 있다. 연산 순서대로 괄호 안의 항부터 살펴보자.

능력

상대방의 주장을 점검하고 자신의 주장을 잘 펼치는 능력을 말한다. 수사학, 전략 그리고 거짓말과 속임수를 밝혀내는 능력

등이 여기에 속한다. 이런 능력은 모든 갈등에서 필요하다.

거짓말을 적발하고 진실을 수면 위로 띄우는 능력은 대단한 강점이다. 당신이 이런 능력을 익힌다면 확실히 더욱 강해질 테고 자신감도 높아지리라. 대부분의 갈등이 돈과 직결되기 때문에 당신은 분명 이 능력을 배우고 싶을 테고 배우게 될 것이다. 진실을 밝히는 일은 종종 상대방을 무장해제시키는데, 거짓을 말하는 사람들은 대부분 거짓말이 유일한 무기이기 때문이다. 안타까운 일이지만 직장에서도 흔히 거짓말을 한다. 자신의 실수나 잘못을 깨끗하게 인정하기보다 거짓말로 위기를 모면하려는 사람이 더 많다. 또한 일상에서도 자기주장을 관철시키려면 거짓말 정글을 통과해야만 한다.

그러므로 거짓말을 적발하는 능력은 매우 효과적인 무기다. 아니, 가장 효과적인 무기다. 그러나 수사학적 능력이나 그 밖의 표현 능력들 또한 도움이 될 것이다.

존중

공식을 보면 능력에 존중을 더한다. 존중에는 자신에 대한 존중과 다른 사람에 대한 존중 두 종류가 있다. 공식에서 말하는 존중은 자신에 대한 존중이다. 자신을 존중하지 않는 사람은 기본적으로 다른 사람도 존중하지 않는다. 존중의 부재가 갈등과 대립의 위기 상황을 더욱 악화시킨다는 건 굳이 설명할 필요가 없으리라. 존중의 부재 혹은 함부로 내뱉은 모욕적인 말은 대립을 격하게 하고 분노와 적개심을 불러일으키며 상처만 남긴다.

　자신을 존중해야 한다. 왜냐하면 자신을 존중하면 다른 사람도 그것을 느끼고 덩달아 당신을 존중하게 되기 때문이다.

통제력

　능력과 존중의 합에 다시 통제력을 더한다. 공식에서 말하는 통제력은 자기통제력이다. 자신의 이익을 대변할 때 스스로를 다스릴 줄 아는 힘은 매우 중요하다. 자기통제력은 불안감을 없앤다. 불안해하며 머뭇거리고 그래서 아무것도 못하는 일이 생기지 않게 한다. 부디 내 말을 오해하지 않길 바란다. 신중하게 의심하며 잘 따져보는 일을 폄하하는 것이 아니다. 이런 태도는 분명 필요하다. 자신의 능력을 알려면 자신을 의심할 줄도 알아야 한다. 자기통제력으로 막아야 하는 건 자신을 믿지 못하고 불안해하며 괴로워하는 태도다. 이런 사람들은 대립에 필요한 요소를 의심할 뿐 아니라 자기 자신도 의심한다. 대립 상황에서 이런 태도는 절대 금물이다. 스스로 당당해야 한다. 의심을 갖고 따져 물어야 할 것은 오직 대립과 관련된 사건들뿐이다. 자기통제력은 전략을 준비하는 데에 도움을 준다. 결단력, 자기주장 그리고 중간에 포기하지 않는 끈기를 준다. "천 리 길도 한 걸음부터"라는 속담을 잘 알 것이다. 이 말은 논란의 여지없이 확실히 옳다. 그러나 나는 두 번째 걸음을 생각하라고 말하고 싶다. 두 번째 걸음은 첫 번째 걸음보다 더 어려울지도 모른다.

바로 이때 자기통제력이 필요하다. 그 힘으로 당신은 들어선 길을 끈기 있게 끝까지 가야 한다. 자기통제력은 목적지로 가는 좋은 길동무다.

괄호로 묶인 능력, 존중, 통제력의 합은 이제 괄호 밖의 요소인 자신에 대한 믿음과 곱해진다. 간단한 비유를 들어보자. 괄호 안의 요소인 능력, 존중, 통제력을 당신의 소망과 욕구를 위한 일종의 조립 자재다. 이것으로 당신은 자동차를 조립하려 한다. 이 자동차는 당신을 목적지로 데려갈 것이다. 그리고 이 자동차는 '자신에 대한 믿음'이라는 아주 특별한 연료로 움직인다. 그렇기 때문에 공식에서도 자신에 대한 믿음은 괄호 밖에서 다른 요소들과 곱해진다. 만약 곱하는 항이 0이면 산출 값도 0이다. 0은 당연히 실패란 뜻이다! 또한 제아무리 최고의 기술로 만들어진 최신 자동차라도 연료가 없으면 꼼짝도 할 수 없다. 그러므로 주유소에 들러 연료를 채워야 한다. "가득 넣어 주세요!"

자신에 대한 믿음

당신은 아마 자신에 대한 믿음에 대해 벌써 읽은 적이 있으리라. 그리고 이 책에서 다시 만나니 당연히 궁금해지리라. 도대체 그게 왜 그리 중요한가? 자신에 대한 믿음은 모든 공격으로부터 당신을 보호하는 갑옷으로 싸움에서 없어서는 안 될 도구다. 또한 목적지로 가기 위해 마련한 자동차의 연료다. 이 두 가지 기능이 자신에 대한 믿음의 가치다.

　자신에 대한 믿음이 없다면 진실을 밝힐 능력, 자신에 대한 존중, 자기통제력은 거의 힘을 발휘하지 못한다. 거짓 진술을 적발한 후 맞게 될 역풍을 막으려면 무엇보다 자신에 대한 강한 믿음이 있어야 한다. 기본적으로 거짓말쟁이들은 일단 거짓이 들통 날 위기가 감지되면 더욱 격하게 방어하고 상대방을 거세게 몰아붙인다. 이들은 거짓이 들어나는 것을 가장 두려워하기 때문에 더욱 강하게 공격한다. 사실 갈등 상황에서 상대방을 공격하는 일은 이상할 것이 전혀 없지만 거짓말쟁이가 당황하여 몰아붙이는 공격은 불편한 결과를 낸다. 거짓말쟁이는 반칙을 서슴지 않고 새로운 속임수를 찾는다. 이들은 위기를 모면하기 위해 갈등과 상관없는 사람들을 끌어들인다.

　이를 보다 확실히 이해하기 위해 거짓말쟁이들의 전략을 분석해보자. 거짓말이 들통 나기 일보 직전이라고 치자. 그런데 이 노련한 거짓말쟁이는 영향력 있는 높은 지위에 있다. 당신의 적이 바로 이런 사람이라면 당신은 자신에 대한 강한 믿음이 특히 더 필요하다. 위기에 처한 거짓말쟁이는 이제 명성과 지위를 잃을까봐 두렵다. 그는 거짓을 진실로 굳히기 위해 대중이나 공인으로서의 지위를 이용한다. 대중은 당신에게 거짓임을 증명하라고 요청한다. 이제 당신이 압박을 받는 입장이다. 상대방의 지위가 높기 때문에 그만큼 거짓을 증명하는 일이 쉽지 않다. 게다가 대중들은 지위가 높은 사람을 더 신뢰하는 법이다. 상대방은 이런 대중의 신뢰를 이용한다.

빌 클린턴이 모니카 르윈스키와 스캔들이 났을 때 어떻게 했는지를 상기한다면 이해에 도움이 되리라. 스캔들은 미디어의 바람을 탔고 빌 클린턴은 압력을 받았다. 그는 기자회견에서 다음과 같은 유명한 말로 스캔들 사실을 교묘하게 부인했다. "이제 나는 대통령으로서의 내 직무에 충실하고 싶습니다. 어젯밤에도 늦게까지 직무를 보았습니다. 그러나 하나만은 국민 여러분께 밝히고 싶습니다. 부디 잘 들어주길 바랍니다. 다시 한 번 말하건대, 나는 르윈스키 양과 어떤 성관계도 맺지 않았습니다. 나는 누구에게도 거짓말을 한 적이 없습니다. 단 한 번도, 결코. 내가 거짓말을 하고 있다는 것은 잘못된 누명입니다. 이제 나의 직무로 돌아가 미국 국민들을 위해 일하고 싶습니다. 감사합니다."

오늘날 우리 모두 그가 거짓말을 했다는 걸 잘 알지만 여하튼 그의 기자회견 내용은 적발된 거짓말쟁이의 대처방식을 잘 보여준다. 진실이 진실로 받아들여지지 않도록 하기 위해 대중들을 현혹한다. 그래서 진실을 밝히기는 더욱 힘들어진다. 그럼에도 불구하고 진실을 밝히기 위해서는 자신에 대한 강한 믿음이 필수 요소다. 자신에 대한 믿음은 힘을 주고 역풍의 저항에 굴하지 않고 끝까지 길을 가게 한다.

단, 한 가지를 명심해야 한다. 설령 당신이 진실을 말하더라도 상대방에 대한 존중과 예의를 갖춰야 한다. 그래야 상대방도 당시에게 존중과 예의른 갖춘다.

자신에 대한 믿음이 얼마나 중요하고 결정적인지 이제 알 것이다. 물론 능력, 존중, 통제력도 중요하지만 곱셈 기능으로 공식을 지배하는 힘은 자신에 대한 믿음이다. 이 힘은 산출 값을 0으로 만들 수도 있고 몇 배로 늘릴 수도 있는 중요한 요소다.

나의 강점 찾기

확신컨대 대부분 자신의 강점(또한 약점도)을 아주 정확히 안다. 그런데 그 강점을 별거 아닌 것으로 생각하거나 그런 강점이 있다는 사실을 감추는 사람이 많다. 이것은 잘못된 생각이다. 자신의 강점을 무시하거나 인정하지 않으면 그 강점을 결국 잃을 수도 있기 때문이다. 그래서 자신의 강점을 중히 여기고 인정하는 것이 얼마나 중요한지 강조하기 위해 짧은 이야기를 소개하겠다.

경영학을 공부하고 독일에서 가장 어려운 시험이라는 회계사 시험에 합격한 친구가 있었다. 시험에 합격한 친구는 전 세계로 뻗어 있는 유명한 회계 법인에 입사했다. 그리고 얼마 후 아버지가 운영하던 회계 법인을 물려받았다. 당시 몇 손가락 안에 꼽힐 정도로 소득이 높은 회계 법인이었기 때문에 모두들 내 친구를 행운아라며 부러워 했다. 어쩌면 지금 당신은 '이렇게 운 좋은 친구 얘기를 왜 하는 거지? 도대체 강점이랑 무슨 상관이람?' 하고 의아해 할지도 모르겠다. 이야기는 여기서 끝이 아니니 계속 들어보라.

 이 친구는 비록 젊은 나이였지만 앞날을 내다보는 재능이 있었다. 그는 자신이 옳다고 여기는 대로, 자신이 하고 싶었던 대로 고객과 상담할 때 앞날을 진단해주었다. 그러나 고객들은 대부분 그의 진단에 귀를 기울이지 않았다. 그들은 앞날에 대한 진단이 아니라 지금 당장 내야 하는 세금에만 관심이 있었다. 게다가 진단 결과가 부정적으로 나오면 고객들은 마치 개인의 무능함을 지적당한 듯이 몹시 불쾌해했다. 반대로 긍정적인 진단을 주면 몽상가라 치부하기 일쑤였다. 고객들은 점차 다른 회계 법인으로 거래처를 바꿨다. 고객 수가 줄고 직원 수도 줄었다. 한때 잘나가던 회사가 점점 망해가는 듯했다. 그러나 내 친구는 하던 대로 계속 자기 길을 갔다. 그리고 얼마 후 마침내 그의 진단을 원하는 고객들이 몰려들기 시작했다. 현재 그는 상상했던 것보다 훨씬 크게 성공했다. 그를 떠났던 고객들도 나중에는 자신의 오류를 깨닫고 다시 그를 찾았다. 내가 무슨 얘기를 하려는지 이제 알겠는가? 이것은 모든 대립과 갈등 상황에서 생기는 매우 전형적인 현상이다. 서로 상반되는 관심이 있고 패배의 압박이 가해진다. 내 친구의 경우 심지어 계속 자기 길을 고집하면 회계법인이 문을 닫을 것처럼 보였다. 그러나 그의 관심은 회사를 크게 키우는 것이 아니라 정확한 진단을 고객에게 주는 것이었다. 그래서 그는 굽히지 않고 계속 폭넓고 정확한 진단을 위해 노력했다. 그는 항상 자기 자신과 자신이 선택한 길을 믿었다. 결국 고객의 수는 예전보다 더 늘었다. 이제 그는 미래 진단이라는 같은 관심을 가진 고객만 상대한다.

과연 내 친구의 고유한 강점은 무엇이었을까? 그것은 미래를 진단하는 능력이 아니라 자신에 대한 믿음이다. 기존 고객들의 저항이 있었지만 그는 자신을 믿었기 때문에 끝까지 견딜 수 있었다. 자신에 대한 믿음은 위기를 극복하게 해준다. 절망하거나 포기하지 않을 힘을 준다. 자신에 대한 믿음에서 성공의 힘이 나온다.

강점 테스트

사람들은 대개 자신의 강점보다 다른 사람의 강점을 더 잘 발견한다. 그 방면에서 우리는 모두 약간씩은 약시인 셈이다. 그러니 약시를 극복하고 당신의 강점을 찾아라.

당신의 삶과 당신 자신에 대한 아래 질문에 답하라. 그러면 당신의 고유한 강점이 무엇인지 알게 되리라.

질문
- 당신 혹은 친구들/가족들이 인정하는 당신의 재능과 능력은 무엇인가?
- 당신의 직업적 최대 성공은 무엇이며 삶의 목표는 무엇인가?
- 당신 인생을 결정적으로 바꾸어놓은 획기적인 변화나 전환이 있었는가?

- 능동적이고 적극적으로 취미활동을 하는가?
- (직접 하든 보는 것이든) 좋아하는 스포츠가 있는가?
- 당신의 꿈은 무엇인가?
- 직장생활과 일상에서 당신에게 활력을 주는 것은 무엇인가?
- 다른 사람의 어떤 모습에 당신은 감탄하는가?
- 정도를 넘었거나 실수를 했을 때 당신은 어떻게 느끼는가? 또 어떻게 반응하는가?
- 가장 행복한 순간은 언제이고 가장 슬픈 순간은 언제인가?
- 만약 힘겨운 도전을 극복해야만 한다면 당신은 어떻게 하는가?
- 당신이 생각하기에 무엇 때문에 당신은 특별한가?
- (외모 외에) 다른 사람들이 당신에게서 느끼는 첫인상은 무엇인가?
- 원하던 것을 얻지 못하면 당신은 어떻게 하는가?

질문을 읽고 생각나는 대로 대답을 적어라. 여러 대답이 떠오르는 질문이 있으면 중요도를 고려하지 말고 떠오르는 대로 다 적어라.

자, 이제 수치를 정할 차례다. 공식의 네 항인 능력, 존중, 통제력, 그리고 자신에 대한 믿음의 수치를 측정해보자. 그리고 측정한 수치를 공식에 대입하여 고유한 힘을 계산해보자.

당신이 적은 대답을 토대로 네 항의 수치를 정해보자. 적은 내용을 읽으면서 각 항에 해당하는 점수를 1부터 10까지 범주에서 골라라. 물론 0.5점이나 7.5점처럼 소수점을 써도 좋다.

'능력'이 차지하는 부분은 얼마인가?
'자신에 대한 존중'은 얼마나 큰가?
'자기통제력'은 어떤가?
'자신에 대한 믿음'은 얼마나 강한가?

점수를 줄 때 어떤 특징이 강하게 주입되었다면, 7에서 10 사이의 점수를 주고 반대로 약하게 주입되었으면 1에서 3까지의 점수를 주어라. 대략 중간이라는 생각이 들면 그냥 4에서 6까지의 점수를 주어라. 혹시 전혀 발견되지 않는 특징이 있다면 솔직하게 0점을 주어야 한다. 잣대는 오직 당신의 느낌에 달렸다. 그러니까 오로지 스스로 결정하는 것이다. 어차피 당신의 고유한 힘을 결정하는 일이니 어떤 점수를 주든 문제될 건 없다.

답을 살펴보았을 때 주로 직업적 순간이 많은가, 아니면 일상의 순간이 많은가? 직업적 성공이나 아이의 탄생 혹은 당신의 결혼식 같이 특별히 눈에 띄는 사건이 있는가? 혹시 스포츠와 관련된 순간도 있는가? 그렇다면 당신은 모든 사람들이 기록할 만한 바로 그런 순간들을 적은 것이다. 혹시 갈등과 대립에서 승리했던 순간도 대답 속에 있는가? 이런 대답들이 과연 고유한 힘 공식에서 어떤 의미일까?

직업적 순간이 대부분을 차지한다면 추측건대 당신은 능력이 많고 자기통제력이 높다. 만약 직업적 순간들이 성실성이나 끈기와 연결되었다면 자기통제력에 높은 점수를 주어라. 예를 들어 직장 생활을 하면서 동시에 야간대학을 다녀 3년 만에 졸업을 했고 그 졸업식을 가장 특별한 순간으로 적었다면 자기통제력에 최소한 8점을 주어야 한다. 직장을 다니면서 야간대학을 마쳤다는 것 자체가 이미 당신의 자기통제력을 충분히 증명하기 때문이다. 또한 능력에도 높은 점수를 주어야 하는데, 야간대학에서 많은 지식을 습득했을 것이기 때문이다. 온갖 저항이 있었고 그럼에도 불구하고 포기하지 않고 끝까지 공부를 마칠 수 있었다면 자신에 대한 존중에도 높은 점수를 주어야 한다. 저항이 굳이 대립이 아니어도 된다. 어떤 힘든 일을 해내야 했다면 그것으로 충분하다.

자기 자신이나 세상과 정면으로 부딪친 적이 있는가? 혹 힘들게만 여겼던 어떤 일을 성취한 적이 있는가? 축하한다! 그렇다면 자신에 대한 존중에 높은 점수를 주라. 어려운 일을 성취했다면 틀림없이 자신감도 생겼을 터이니 자신에 대한 믿음에 중간 점수를 줘도 좋으리라. 맞다! 제대로 읽었다. 중간 점수! 왜 높은 점수가 아니고 중간 점수냐고? 아주 좋은 질문이다! 그것은 아주 중요한 질문이므로 바로 대답해야겠다. 하지만 질문을 약간만 변형하겠다. 언제 높은 점수를 줄 수 있는가?

고유한 힘의 공식은 대립 상황을 기반으로 한다. 자신의 정당성을 주장하고 관철시켜야 하는 상황이다. 이런 상황에서는 자신에 대한 믿음이 대단히 결정적이다. 시험 같은 일상 상황에서도 자신에 대한 믿음이 중요하지만 대립 상황에서 만큼 결정적이지는 않다. 시험 상황에서도 어려운 장애물을 극복해야 하지만 이 장애물은 당신을 표적으로 세워진 것이 아니라 당신의 실력을 점검하기 위해 세워졌을 뿐이다.

그러나 대립 상황의 장애물은 대부분 당신을 표적으로 세워진다. 미리 정해진 문제를 푸는 객관적인 테스트가 아니라 자기 주장을 관철시켜야 하는 상황이다. 장애물은 당신과 당신이 처한 구체적인 상황에 초점이 맞춰져 있다. 한마디로 당신은 엄청난 압력을 받고 있다! 이 압력은 일상에서 만나는 '평범한' 압력과는 차원이 다르다. 그러므로 대립 상황에서 이겼을 때만 자신에 대한 믿음에 높은 점수를 주어야 한다.

고유한 힘 계산하기

꼭 짬을 내서 나머지 항목에도 설명한 방식대로 점수를 정하라. 그리고 공식에 대입하라. 점수를 줄 때는 모든 대답에 먼저 점수를 주고 그것을 바탕으로 각 항의 점수를 정해야 한다.

사례를 하나 들어보자.

미카엘은 성실한 중년으로 직원이 약 100명쯤 되는 중소기업의 관리직에 종사한다. 그는 수습기간을 거쳐 그야 말로 '밑바닥부터' 시작하여 22년을 열심히 일한 결과 지금의 지위에 올랐다. 오랜 근무 경력으로 업무와 관련된 전문지식도 높고 업무 흐름도 정확히 파악하고 있다. 그러나 이런 능력을 제대로 평가받지 못했는데, 어쩌면 그의 성격이 너무 온순해서일지도 모른다. 제대로 가치를 인정받지 못한다는 생각 때문인지 최근 들어 미카엘은 승진 발령이 날 때마다 불안했다. 그리고 늘 그렇듯, 몇몇 직원들이 미카엘의 자리를 호시탐탐 노리고 있었다. 그러나 당연히 미카엘도 자기 자리를 결코 버리지 않았다. 이제 왕따가 시작되었다. 목표는 명확했다. 마카엘 내쫓기! 미카엘이 안내데스크의 새 여직원에게 관심이 있다느니 안내데스크 주변을 어슬렁거린다느니 하는 온갖 추문이 돌았다. 심지어 이메일이 감쪽같이 삭제되는 일도 종종 발생했다.

미카엘은 더 이상 묵과할 수가 없었다. 그러다간 정말 자기 자리를 빼앗길 것처럼 보였다. 미카엘은 '악당'을 물리칠 만큼 자신이 강한지 스스로에게 물었다. 지금까지 무조건 다 참았기 때문에 싸움을 한 적이 없고 그래서 객관적인 전적도 없다. 스스로 판단하는 방법밖에는 없다. 미카엘은 고유한 힘의 공식을 활용하기로 했다. 막대한 전문지식과 업무지식을 갖고 있으므로 능력에 10점을 주었다. 오랫동안 성실하게 근무했으므로 자기통제력에도 10점을 주었다. 그런데 안타깝게도 확실하게 결정할 용기가 없었다. 잘못 될까 두려워 도저히 결정을 내릴 수가 없었다. 그래서 그는 계속 결정의 순간을 뒤로 미뤘다. 결국 자기평가도 낮아져 자신에 대한 존중에 낮은 점수(5.5)를 줄 수밖에 없었다. 게다가 왕따를 당하면서 자신에 대한 믿음도 늘이 평상시보다 너욱 움즈러들었다. 솔직히 맞설 자신이 없었다. 모든 것이 불확실했다. 자기가 옳다는 믿음과 그나마 조금 남았던 자기 존중도 완전히 사라졌다. 솔직히 처음에는 자신에 대한 믿음에 0점을 주려고 했지만 결국에는 1.5로 결정했다.

반면 그의 상대는 달랐다. 비록 전문지식이나 경험이 미카엘에 못 미치고 회사에 그렇게 오래 근무하지도 않았지만 그는 스스로 전도유망한 사람이고 용감하며 늘 올바른 결정을 내린다고 확신했다. 그래서 능력과 자기통제력에 미카엘의 절반인 5점을 주었지만 자신에 대한 존중에 7.5점을, 그리고 자신에 대한 믿음에 8점을 주었다. 이제 고유한 힘의 공식에 각 점수를 대입하여 양측의 힘을 비교해보자.

(능력 + 존중 + 통제력) × 자신에 대한 믿음 = 고유한 힘

미카엘: (10 + 10 + 5.5) × 1.5 = 38.25
동료: (5 + 5 + 7.5) × 8 = 140

이제 확실해졌는가? 미카엘이 훨씬 약하다. 그러므로 대립에 대한 준비를 아주 철저히 해야 한다. 자신에 대한 믿음이 조금만 더 높았더라도 미카엘은 유리한 위치에 있었을 터이다.

짧은 사례였지만 공식 활용법을 확실히 알았을 테다. 당신이

얻은 각 항의 수치를 공식에 넣어 계산해보라. 산출 값이 당신의 고유한 힘의 세기다. 그런데 산출 값을 어떻게 해석해야 할까? 산출 값을 간단히 분석하면 다음과 같다.

> 0~27: 당신의 고유한 힘은 아직 한참 부족하다. 대립에 임하기 전에 철저히 준비하라.
> 28~108: 기본적인 힘을 가졌다. 올바른 기술과 집중력으로 주장을 관철시켜라. 자신을 믿어라!
> 109~210: 변호를 위한 모든 도구를 가졌다! 약간만 더 발전시키면 완벽하다.
> 211~300: 축하한다! 더 이상 바랄 것이 없다.

성공의 초석, '자신에 대한 믿음'

자신에 대한 믿음에 다시 한 번 특별한 시선을 보낼 필요가 있겠다. 고유한 힘을 결정하고 키우는 데에 중요한 열쇠이기 때문이다.

자신에 대한 믿음은 갈등과 대립 상황에서 자기주장을 펼칠 때 필수적인 요소다. 자신에 대한 믿음이 없거나 자기 의심이 야금야금 자신감을 갉아먹는다면 당신은 결코 용기를 키울 수 없다. 그리고 용기가 없으면 자신의 관심과 욕구를 주장하고 성취하기는커녕 겁을 먹고 뒤로 숨거나 이길지 질지 확신할 수가 없어 불안한 나머지 애초에 포기해버린다. 반면 자신에 대한 믿음이 있고 정당한 주장을 가졌다면 자신의 관심과 욕구를 성취하기 위해 최선을 다할 것이다. 그래서 상대방의 자신감을 무너뜨려 불안하게 하는 변호 기술도 있다. 하지만 자신에 대한 진짜 믿음이 있다면 이런 기술에도 끄떡없다. 간단히 막아낼 수 있다.

가장 큰 성취의 기쁨을 주는 것 또한 자신에 대한 믿음이다. 당부하건대 자신에 대한 믿음을 다른 사람의 손에 맡겨두지 마라. 지구상의 어느 누구도 당신을 대신할 수 없다. 다른 사람이 당신에게 영향을 미치도록 내버려두지 마라. 당신이 자신에 대한 믿음을 갖지 못하도록 방해하는 사람이 있다면 그 동기가 무엇인지 스스로 탐구하라.

그래도 여전히 자신에 대한 믿음이 흔들린다면 인류 역사를 되돌아보라. 어떤 사람들이 어떤 상황에서 판단 실수들을 했는지 생각해보라. 홀로 자기주장을 펴는 사람이 오류를 범하는 일은 거의 없었다. 오히려 막강한 무리들이 혹은 대중들이 주로 오류를 범했다. 가장 좋은 예가 갈릴레오 갈릴레이다. 갈릴레오 갈릴레이는 수백 년 전에 니콜라스 코페르니쿠스가 주장했던 태양중심설, 그러니까 행성들이 태양을 중심으로 원을 그리며 움직인다는 학설을 증명해냈다. 그전까지 사람들은 태양이 지구 주변을 돈다고 믿었다. 갈릴레오 갈릴레이는 강력한 조직에 맞서 싸워야만 했다. 지구가 태양 주변을 돈다는 자기주장을 접고 태양이 지구 주변을 돈다는 강자의 주장을 따르도록 강요받

앉다. 심지어 학문활동을 금지당하기도 했다. 더는 기회가 없어 보이는 바로 이때에도 갈릴레이는 포기하지 않았다. 전해지는 말에 의하면, 갈릴레이에게 분명 암흑의 시간이었을 이 순간에 그는 "하지만 지구는 여전히 돈다!"라고 중얼거렸단다. 그랬다. 갈릴레이는 자신을 믿었고 자신의 이론을 믿었다. 그래서 온갖 압박과 금지에도 불구하고 자신의 올바른 주장을 포기할 마음이 없었다. 우리 모두 잘 알고 있듯이 결국 그는 승리했다. 오늘날까지 유용한 지식으로 남은 것은 그의 주장이다.

만약 갈릴레이가 자신을 믿지 않고 포기해버렸다면 어떻게 되었을까? 오늘날 우리는 어떤 우주관을 따르고 있을까?

아주 좋은 예가 하나 더 있는데, 예전에 신문에서 본 어떤 광고다. 나는 이 광고가 너무 맘에 들어 스크랩까지 해두었다. 광고에서 우리는 프리츠 발터(Fritz Walter)와 헬무트 란(Helmut Rahn)이 우승컵을 들고 환호하는 모습을 볼 수 있다. 축구에 별로 관심이 없는 사람들을 위해 설명을 좀 붙이자면, 이 사진은 1954년 스위스 베른 월드컵 결승전이 끝난 다음 찍은 것이다. 영화 〈베른의 기적〉의 소재였던 이 경기에서 독일은 당시 무적의 강팀이었던 헝가리에 맞서 극적인 승리를 거두었다. 0 대 2로 지다가 후반전에 들어 3 대 2로 역전하여 월드컵 우승자가 되었다. 지금 이 내용을 읽는 동안 아마 많은 사람들의 귀에 아나운서 헤르베르트 침머만(Herbert Zimmermann)의 흥분된 외침이 쟁쟁하리라. 이제 다시 광고로 돌아가자. 환호하는 두 영웅의 사진 옆에 이렇게 적혀 있다. "경기 시작 23분 0:2! 선수들이 자신을 믿지 못하고 포기해버렸다면 결과는 어땠을까?"

틀림없이 그들은 승리하지 못했을 테고 지금처럼 독일에서 혹은 축구에서 영원히 살아 있지도 못했으리라. 선수들 각자가 자신을 믿었기에 승리할 수 있었다.

진심으로 말하건대 자신에 대한 믿음으로 어려운 상황을 방어하라. 부디 너무 성급하게 포기하지 마라. 말도 안 되는 주장을 무조건 고집으로 밀어붙이라는 뜻은 결코 아니다. 고집과 자신에 대한 믿음을 혼동해서는 안 된다. 고집은 가끔 필요하지만 자신에 대한 믿음은 항상 필요하다!

당신은 얼마나 자신을 믿는가?

자신에 대한 믿음을 이토록 강조하는 까닭은 그것이 대단한 효과를 내기 때문이다. 자신을 믿는 사람은 특별한 빛을 발산한다. 주변사람들은 이 빛을 인식할 테고 존중과 인정으로 반응하리라. 결국 자신에 대한 믿음은 승리자의 특징이다. 또한 자신을 믿는 사람은 승리자 집단에 기대어 뭔가를 얻으려 애쓰지 않는다.

자신에 대한 믿음은 갈등과 대립의 시대, 위기의 시대를 이겨낼 끈기를 준다. 자신을 믿는다면 포기할 생각은 애초에 생기지도 않는다. 미국 기업가 헨리 포드(Henry Ford)는 언젠가 이런 말을 했다. "실패하는 사람보다 포기하는 사람이 더 많다." 이 말을 마음에 새기고 자신에 대한 믿음에서 끈기가 자라는 것을 직접 삶에서 경험하라. 자신을 믿고 그것이 발산하는 빛을 이용하라.

당신은 얼마나 자신을 믿는가? 당신의 목표를 분류하고 전략을 짜기 전에 항상 이 질문에 먼저 답하라. 혹은 믿을 만한 사람을 찾아가 당신이 스스로를 믿는 힘이 얼마나 되는지 평가를 부탁하라. 그 사람은 분명 당신이 스스로를 얼마나 믿는지 잘 알고 있을 것이다. 어쩌면 그의 대답이 당신 맘에 꼭 들지 않을 수도 있다. 하지만 분명 당신을 올바른 길로 데려다줄 것이다.

자신에 대한 믿음이 그다지 강하지 않다는 결론을 얻었다면 이 책에서 배운 내용들을 잘 살펴보라. 그것들이 어떤 도움을 줄지 상상해보라. 당신은 대립에서 가장 빈번하고 위험한 적인 속임수와 거짓말을 진술 심리학의 지식으로 발견해낼 수 있다. 다양한 대화 유형과 유형에 따른 담판 방법을 안다. 담판에 등장하는 법, 그리고 몸짓과 표정을 어떻게 사용하고 해석하는지도 안다. 목표를 중요도에 따라 구성하여 변호할 수 있고 당신의 강점 수치도 알며 고유한 힘의 크기도 안다. 이 모든 지식이 당신의 관심과 욕구를 빙이히는 데에 힘을 줄 것이고 그것을 성취하리라는 확신을 줄 것이다. 이런 확신에서 당신은 안정감을 얻고 이런 안정감은 당신을 더욱 강하게 한다. 그리고 상대방은 당신의 강함을 느낄 것이다. 무엇보다 중요한 것은 이런 안정감이 당신의 고유한 힘과 지식에서 나온다는 점이다. 그리고 이런 고유한 힘과 지식을 가진 사람은 또한 자신을 믿게 된다.

개인적인 강점, 자신에 대한 존중, 당신에 대한 주변사람들의 존중과 인정, 지식, 대화 유형에 따라 자신의 관심과 목표를 성공적으로 조종하는 능력, 이 모든 것을 갖춘 당신은 목표와 승리의 기쁨에 한걸음 성큼 다가서게 된다.

당신은 점차 책임감 있고 진실한 '변호사'로 성장한다. 그러나 모든 성공을 완전히 망쳐버릴 수 있는 위험이 여전히 도사리고 있다. 노련한 변호사들조차 늘 경계해야 하는 위험으로 그것은 바로 긴장과 초조다. 그래서 이어지는 내용에서는 스트레스 상황에서도 냉정한 이성을 유지하고 집중하는 법을 다룰 예정이다.

22

본능은 위험을 알고 있다

 속이 울렁거리고 손이 축축해지며 진땀이 난다. 긴장 상태인 바로 이때 가장 심각하게 자신의 능력과 고유한 힘을 의심한다. 큰 공연을 앞두고 느꼈던 설명하기 어려운 긴장과 떨림을 모르는 사람은 아마 없을 것이다.
 이런 현상은 석기시대의 우리 조상으로부터 받은 유산이다. 긴장 상태가 되면 우리의 몸은 위험에 대처하라는 비상 신호를 보낸다. 현대를 사는 우리지만 어이없게도 우리의 몸은 여전히 석기시대 방식으로 반응한다. 그러므로 우리의 몸과 몸의 반응을 더 잘 이해하기 위해 석기시대로 돌아가보자.
 창을 든 사내가 짙게 우거진 숲을 천천히 걷고 있다. 주변을 경계하며 조심조심 발을 뗀다. 이쪽에서 저쪽으로 이동하며 눈은 항상 덤불숲을 응시하고 작은 소리 하나도 놓치지 않는다.

일정한 간격으로 들리는 부스럭 소리는 그를 바짝 긴장시킨다. 그 소리가 아까부터 자기를 따라왔다는 생각이 든다. 서서히 불안해지기 시작한다. 예전에 겪었던 끔찍한 일이 생각난다. 그때도 같은 소리를 들었었다. 당시 부스럭 소리에 도사린 위험을 얕잡아 보았다가 그만 동료의 목숨을 잃고 말았다. 갑자기 부스럭 소리가 딱 멈추더니 순간적으로 음산한 고요가 흘렀다. 그리고 거대한 맹수의 습격이 고요를 깼다. 맹수의 발톱과 이빨이 눈 깜짝할 사이에 동료를 죽였다. 맹수가 방금 잡은 사냥감에 만족하는 사이 그는 가까스로 도망칠 수 있었다. 그리고 지금 바로 그때와 똑같은 부스럭 소리가 가까이에서 들린다. 온몸에 열이 나면서 진땀이 흘렀다. 아드레날린이 솟고 극도의 긴장감이 엄습했다. 숲의 어둠을 뚫기 위해 눈에 불을 켰다. 언제 목숨을 잃을지 모를 일이었다. 근육이 팽팽하게 긴장했다. 그는 항상 들고 다니는 창을 꼭 움켜쥐고 몸을 잔뜩 웅크린 채 경계했다. 부스럭 소리가 갑자기 멈췄다. 그는 본능적으로 돌아섰고 엄청난 덩치가 그를 덮쳐 바닥으로 밀쳤다. 그는 벌떡 일어나 공격자를 보았고 안도의 숨을 쉬었다. 거대한 맹수가 덮치는 찰나에 그가 뒤로 돌아섰고 그 바람에 맹수는 그가 들고 있던 창에 찔렸다. 재빠른 동작 덕분에 그는 목숨을 건졌다. 그는 몸이 보낸 비상 신호가 한없이 고마웠다.

석기시대의 사례는 위험 상황에서 우리 몸이 어떻게 반응하는지 보여준다. 근육은 팽팽해지고 혈액순환이 빨라지며 동공이 커진다. 어쨌든 전투에서 최상의 근력을 발휘하고 모든 것을 정확히 봐야 하니 당연한 반응이다. 제일 먼저 혈액순환이 빨라지고 나머지 신체적 반응들이 잠시 후 뒤를 잇는다. 오늘날의 전투기관은 팔다리 근육이 아니라 뇌다. 하지만 뇌 역시 긴장하기는 마찬가지다.

말하자면 우리의 몸은 여전히 인간과의 논쟁이 아니라 사나운 짐승과의 몸싸움에 대비한다. 그러므로 상대방에게 KO당하고 싶지 않다면 몸이 보내는 비상 신호가 석기시대 방식임을 재빨리 감지해야 한다. 위험이 곧 닥칠 거라는 비상 신호에 일일이 반응하지 않는 것부터 시작하자. 설령 진짜 대립이 우리를 기다리고 어쩌면 그것이 아주 위험한 대립일지라도 확실히 석기시대와는 다르다. 목숨을 걸고 싸우는 게 아니라 자신의 입장을 변호하고 주장을 관철하기 위한 대립이다. 상황이 아무리 심각하고 힘들어 보여도 어쨌든 담판은 끝나게 되어 있고 여전히 죽지 않고 나머지 삶을 산다. 그러므로 담판에서 우리가 생각할 것은 '만약'이 아니라 '어떻게'여야 한다. 석기시대에는 '만약'을 잘 생각하는 것이 옳았지만 현대에는 그럴 필요가 없다. 물론 상황이 아주 불편하고 불리하게 변할 수는 있지만 그렇다고 죽지는 않는다. 다시 말해 석기시대 방식의 비상 신호는 필요 없다. 당신은 이 사실을 몸에게 알려야 한다. 고유한 힘에 의미를 부여하고 자신에 대한 믿음을 이용하라. 고유한 힘을 믿고 상황을 잘 처리할 수 있음을 믿어라. 긴장을 풀어라.

아주 중요한 소송을 앞두고 나 역시 몹시 긴장하 서 있다. 세간의 관심이 쏠린 소송인 데다 수많은 기자들이 몰려들 터였다. 시선이 집중된 소송에서 나는 멋진 모습을 보이고 싶었다. 아니나 다를까 소송 전날 근육이 팽팽하게 긴장되었다. 나는 그것이 쓸데없는 석기시대 유물임을 알았기에 마사지를 받는 사치로 근육을 풀고 일찍 잠자리에 들었다. 다음 날 나는 긴장하지 않고 소송을 잘 진행할 수 있었다. 중요한 결정을 내리기 전에는 시간을 갖고 여유 있게 긴장을 풀어라. 긴장 해소는 결정의 순간에 맑은 머리를 줄 뿐 아니라 긴장했을 때보다 훨씬 좋은 빛을 발산케 한다.

긴장 해소 긴급 처방

긴장과 초조의 습격으로 위급한 상황에 처했을 때 쓸 수 있는 비상약들을 소개하겠다. 당신의 고유한 힘을 100퍼센트 발휘하려면 긴장을 풀고 머리를 맑게 유지하기 위한 연습을 스스로 해야 한다. 그 연습 방법을 몇 가지 소개하려 한다.

깊이 숨을 들이쉬었다가 내쉬어라. 산소가 폐에 가득 찼다가 다시 뱉어지는 상황을 의식적으로 느껴라. 그리고 잠시 숨을 멈춰라. 다시 천천히 숨을 내쉬어라. 다시 폐의 움직임을 느끼며 깊이 숨을 들이쉬었다가 내쉬어라. 잠시 숨을 멈추어라. 마음이 편안해지고 초조함 없이 느긋해졌다고 느낄 때까지 전체 과정을 계속 반복하라.

몸을 가볍게 움직이는 것도 긴장을 없애는 데 도움이 된다. 안전한 곳에 서거나 앉아라. 매 동작을 한 후에는 항상 이 기본 자세로 돌아가라. 목운동부터 시작한다.

목을 천천히 한쪽에서 다른 쪽으로 반 바퀴를 돌려라. 그런 다음 완전한 원을 그리며 한 바퀴를 돌려라. 시계 방향으로 세 번 돌리고 시계 반대 방향으로 세 번 돌려라. 간단한 동작이지만 목 부위의 긴장을 푸는 데 아주 좋다.

다음으로 등과 허리의 긴장을 푼다. 오른팔을 최대한 높이 뻗은 다음 다시 천천히 팔을 옆으로 내린다. 왼팔도 똑같이 한다. 등과 허리의 긴장이 풀릴 때까지 이 동작을 여러 번 반복한다.

이제 사자가 으르렁거리듯 가능한 크게 입을 벌려라. 그런 다음 치아가 서로 닿지 않게 입을 다물어라. 잠시 후 다시 입을 크게 벌려라. 이 동작 역시 긴장이 풀릴 때까지 여러 번 반복하라. 턱이나 머리를 가볍게 마사지하는 것도 좋다.

여러 동작 중 당신에게 가장 도움이 되는 것을 골라도 좋고 모든 동작을 다 해도 좋다. 중요한 것은 긴장을 없애는 것이다. 어떤 동작이 어떤 긴장에 좋다는 정해진 규칙이 따로 없으므로 기호대로 고르기만 하면 된다. 당신에게 도움이 되고 당신 맘에 드느냐가 선택의 기준이다. 단, 동작을 할 때 통증이 있다면 즉시 중단하라.

5장

자신을 위해 싸워라

23
앞을 바라보라

 갈등과 대립을 어떤 시각으로 보느냐가 중요하다. 나는 갈등을 미래를 위한 기회로 본다. 그리고 이런 나의 시각이 옳다고 확신한다. 어차피 미래를 위해 대립도 하는 것이다. 미래와 상관이 없다면 굳이 갈등을 겪고 대립할 이유가 없다.

 상대방보다 강하다는 걸 과시하는 대립은 스포츠에서나 벌어져야 한다. 스포츠에서는 누가 강한지를 가리기 위해 경기장에서 모든 에너지를 쏟는 것이 당연하다. 체스나 낱말퍼즐로도 강함을 과시할 수 있다. 여하튼 각자 원하는 방식으로 경쟁하면 된다. 그러나 실생활의 대립에서 미래와 상관없이 단지 지금의 승리만을 위해 쏟은 에너지는 금방 허비되고 만다.

24

내 인생 최고의 변호사는
바로 나다

당신은 이제 고유한 힘으로 주장을 관철할 수 있다. 그렇다고 갈등과 대립을 일부러 찾아서는 안 된다. 이것은 잘못된 길로 들어서는 지름길이다. 먼저 잘 분석해보고 대립 여부를 결정해야 한다. 그러나 분석은 언제나 미래에 맞춰져야 하고 꼭 필요한 경우에만 과거의 일을 다뤄야 한다. 미래를 방해할 장애물이나 실제로 억울한 결과를 낼 일을 길에서 치울 때라야 갈등은 의미가 있다. 단순히 지나간 과거를 다루는 대립이나 갈등은 오히려 미래에 방해가 된다.

대립에서 이기고도 결국 그 대가를 톡톡히 치르게 될 수도 있다. 다비드가 겪었던 불행이 그 좋은 예다.

다비드의 직업은 외근이 잦다. 그래서 자동차를 타고 돌아다니는 일이 많다. 기존 고객을 관리하고 새로운 고객을 찾는 것이 그의 주요 업무이다. 비 내리는 6월 어느 날 다비드는 고객을 방문하기 위해 도심으로 들어갔고 주차장을 찾느라 고생을 했다. 그러던 터라 약속 장소 근처에서 공영주차장을 발견했을 때 다비드는 두 배로 기뻤다. 그러나 고객과 헤어져 차로 돌아와서는 깜짝 놀랄 수밖에 없었다. 자동차 앞 유리에 15유로짜리 주차위반 딱지가 꽂혀 있는 게 아닌가. 다비드는 몹시 화가 났다. 주차위반 사유인즉슨 자동차가 주차 공간 밖의 불법주차 영역까지 침범했다는 것이다. 분명 주차구역 안에 차를 세웠다. 그런데 주차구역을 벗어났다고? 말도 안 된다! 다비드는 억울해 미칠 것만 같았다.

억울한 일을 그냥 넘기지 않는다는 원칙에 따라 다비드는 벌금을 내지 않았고 주차위반 사실에 대해서도 이의를 제기했다. 이의 제기 신청이 받아들여져 이제 다비드는 법원에 출두해야 하는데 혼자 가는 것이 불안하여 변호사를 대동했다. 판사는 다비드에게 소송 신청을 내라고 제안했다. 게다가 소송비용은 국가가 낸단다. 다비드가 듣기에 조건이 모두 괜찮았으므로 기꺼이 소송 신청을 냈다. 다비드는 법원을 나서면서 모든 일이 잘 끝났다며 좋아했다.

그런데 놀랍게도 2주쯤 후에 400유로가 살짝 넘는 청구서가 도착했다. 변호사에게서 온 청구서였다. 동봉된 변호사의 편지에 의하면 법무비용보험사에서 보험금 지급을 거부했다고 한다. 법무비용보험 계약 내용에 주차위반은 포함되지 않기 때문에 변호사 비용을 지급할 수 없다고 했다. '하지만 소송비용은 국가가 낸다고 하지 않았던가! 도대체 나더러 뭘 어쩌라고?' 편지를 읽으며 다비드는 생각했다. 변호사 업무는 소송비용에 포함되지 않기 때문에 다비드 개인이 지불해야 한다. 그런데 보험사에서 지급을 거부했으니 꼼짝없이 다비드가 스스로 책임을 져야 할 형편이었다. 몸이 떨리고 이가 갈렸지만 청구서대로 400유로가 넘는 금액을 이체할 수밖에 없었다.

미리 잘 알아보았더라면, 상황 분석을 잘만 했더라면 주차위반 벌금고지서 때문에 변호사를 선임하는 쓸데없는 짓을 하지는 않았으리라. 다비드는 아마 합리적인 방법으로 두 가지 정도를 생각했으리라. 억울하지만 벌금을 그냥 내고 빨리 잊어버리는 방법, 그리고 변호사 없이 직접 소송을 치르는 방법. 사실 첫 번째 방법은 생각할 가치도 없는데, 부당함은 그대로 남아 있기 때문이다. 게다가 국가와 상관된 일이므로 부당함을 그냥 넘겨서는 더욱 안 된다. 그런데 두 번째 방법은 자신이 없었다. 홀로 담판 상황을 맞는 것이 두려웠다. 결국 그는 변호사를 선택했다. 그러니 변호사 비용에 대해 불평할 자격이 없다.

그러므로 대립하기 전에 항상 분석을 먼저 하고 가능한 대안들을 솔직하게 살펴보아라. 그러면 뒤통수를 맞아 기분 나쁠 일도 없을 것이다.

정확히 분석하고 가늠하기

분석 결과 과거의 일이 여전히 미래를 방해하고 영향을 미친다는 결론이 나오더라도 곧장 대립 상황으로 돌입해서는 안 된다. 갈등과 대립 상황은 정말이지 문제를 푸는 가장 마지막 수단이어야 한다. 아무리 당신의 고유한 힘이 강하더라도 이것을 명심해야 한다.

설령 당신의 고유한 힘이 상대보다 세더라도 상대방에게 돌이킬 수 없는 치명적인 상처를 남겨 공격자라는 인상을 주지 않도록 해야 한다. 공격적인 사람은 탄핵의 대상이 되기도 하는데, 일반적으로 공격적인 사람은 (아주 조심스럽게 표현해서) 불편한 사람으로 통하기 때문이다. 만약 공격자 입장이라면 공격 행위를 정당화할 수 있는 아주 명확한 근거를 가져야 한다. 하지만 명확한 근거를 찾는 일이 그리 쉽지만은 않다. 게다가 인간의 본성 자체가 원래 갈등을 불편해 한다. 원인 제공자보다 공격하는 사람을 더 불편하게 느끼는 사례가 얼마나 많은가?

게다가 공격자들 대부분이 자신의 관심과 욕구를 제대로 관철하지 못하는데 이것은 당연히 명확한 불이익을 남긴다. 그러므로 공격자가 되지 않도록 하라.

달리 표현하면, 능동적으로 갈등을 시작하려 한다면 먼저 좋은 근거를 찾아라. 당신은 우선 단지 기분만 억울한 것이 아니라 진짜 희생자여야 한다. 진짜 희생자가 능동적으로 나서서 문제를 해결한다면, 누구도 갈등을 혐오하지 않을 것이다. 오히려 격려하고 응원할 것이다. 공격적인 것과 능동적인 것은 아주 미묘한 차이이므로 정확히 살펴야 한다.

앞으로의 길을 능동적으로 가기 위해서는 당신의 고유한 힘을 생각해야 한다. 고유한 힘이 없으면 눈앞에 닥친 갈등이 두려울 수밖에 없다. 자, 고유한 힘을 믿고 능동적으로 정의를 실현하라. 무엇이 인생의 목표인지 스스로 결정하라. 갈등이 주는 기회를 이용하라. 당신의 고유한 힘이 이 모든 것을 가능케 하리라.

당신은 갈등 및 대립 상황에서 자기주장을 관철하는 방법을 배웠다. 논쟁에서 자기를 방어하는 기술을 배웠고 자신의 강점과 상대방의 강점을 인식할 줄도 안다. 당신은 무장이 되었으니 안심해도 된다.

당신의 관심과 욕구를 대변할 당신만의 개인 변호사를 가졌다. 시간 날 때마다 상담할 수 있고 당신이 완전히 신뢰하는 변호사. 당신에게만은 무료이므로 변호사비용을 대기 위해 법무비용보험을 들 필요도 없다. '당신이 변호사다.' 변호사로서 갈등과 대립 상황에 임하고 변호사처럼 반응하라. 당신은 변호사 역할에서 안정감을 느낀다. 상대방이 다음 단계를 힘겹게 준비하느라 불안한 반면 당신은 변호사로서 연기해야 할 대본을 손에 쥐었기 때문이다. 그러므로 자신감 있게 대처하고 상대방에게 강한 인상을 주어라. 또한 당신은 다음 단계와 그에 필요한 확실한 전략을 숙고하기 위한 여유를 가졌고 긴장을 해소함으로써 문제해결을 위한 맑은 머리도 유지한다. 반면 상대방은 당신의 빛나는 등장에 긴장하여 손톱을 물어뜯어야 한다.

변호사로서 등장할 때 하나만은 반드시 명심하길 바란다. 항상 정직하라! 그렇지 않으면 등장 즉시 불신을 받는다. 당신의 고유한 인성을 감추지 말고 본연의 모습에 충실하라! 내가 열었던 세미나와 트레이닝에서는 항상 각자의 성격에 변호사 역할을 맞춘 다음 연습했다. 그래야만 개인적인 강점을 발견하여 활성화하고 변호 기술도 확실히 배울 수 있다. 그렇게 대립 상황에서 필요할 때면 단추를 누를 수 있는 주체적인 인물이 탄생한다. 그리고 당신이 바로 그 인물이다!

스스로가 자신의 주장을 관철시킬 수 있다는 자신감을 가지고 있다고 생각해보라. 정말 기분이 끝내주지 않는가?

KI신서 3217
손해 보지 않고 사는 법

1판 1쇄 인쇄 2011년 2월 23일
1판 1쇄 발행 2011년 2월 28일

지은이 마르쿠스 술메이어 **옮긴이** 배명자
펴낸이 김영곤 **펴낸곳** (주)북이십일 21세기북스
출판콘텐츠사업부문장 정성진 **출판개발본부장** 김성수 **경제실용팀장** 류혜정
기획·편집 박의성 **외주 편집** 네오북 **해외기획팀** 김준수 조민정
마케팅영업본부장 최창규 **마케팅** 김보미 김현유 강서영 **영업** 이경희 우세웅 박민형
출판등록 2000년 5월 6일 제10-1965호
주소 (우 413-756) 경기도 파주시 교하읍 문발리 파주출판문화정보산업단지 518-3
대표전화 031-955-2100 **팩스** 031-955-2151 **이메일** book21@book21.co.kr
홈페이지 www.book21.com **트위터** @21cbook **블로그** b.book21.com

ISBN 978-89-509-2973-2 13320
책값은 뒤표지에 있습니다.

이 책 내용의 일부 또는 전부를 재사용하려면 반드시 (주)북이십일의 동의를 얻어야 합니다.
잘못 만들어진 책은 구입하신 서점에서 교환해드립니다.